Ursula Kopp

Saubere Luft mit Zimmerpflanzen

Ursula Kopp

SAUBERE LUFT mit Zimmerpflanzen

Die 50 besten Detox-Pflanzen für ein gesundes Raumklima

Bassermann

INHALT

VORWORT

Kaum etwas ist so erfrischend und entspannend wie ein Waldspaziergang. Lässt sich diese Empfindung auch auf Zimmerpflanzen, unsere grünen Mitbewohner übertragen? Kann man sich mit ihnen ein kleines Stück Natur ins Haus holen und damit sein Wohlbefinden steigern?

Den größten Teil unserer Lebenszeit verbringen wir abseits der Natur in geschlossenen Räumen. Dabei atmet ein Mensch täglich zehn bis zwanzig Kubikmeter Luft ein. Diese Zahlen machen deutlich, wie wichtig ein gutes Raumklima für uns ist. Denn die Atemluft ist längst nicht so rein, wie es zu wünschen wäre. In Teppichböden, Anstrichen und Polstermöbeln können giftige Stoffe enthalten sein, die nach und nach an die Umgebung abgegeben werden. Um gegen diese Schadstoffe in der Raumluft vorzugehen, brauchen Sie keine teuren Klimageräte oder chemischen Luftbefeuchter. Am einfachsten und vor allem am gesündesten wirken Zimmerpflanzen. Denn sie sehen nicht nur schön aus, eine Reihe von ihnen verbessert auch das Raumklima, da sie Schadstoffe absorbieren und somit in der Lage sind, gesundheitliche Schäden zu vermeiden. Und das ohne Aufwand, denn lebendiges Grün lässt sich in alle Wohnbereiche integrieren. Selbst wenn die meisten Zimmerpflanzen keine »Schadstoffkiller« sind, so erfrischen sie die Raumluft, denn sie geben 97 Prozent des Gießwassers wieder an sie ab. Experten empfehlen eine mittelgroße Pflanze pro zwölf Quadratmeter. Es dürfen aber auch ruhig mehr sein – vor allem in Büros.

Durch begrünte Räume erzielen Sie aber nicht nur spürbare Veränderungen. Nicht zu unterschätzen sind die psychologischen Auswirkungen: Zimmerpflanzen müssen umsorgt werden; das ist eine sinnerfüllte Tätigkeit, die belohnt wird. Gedeihen sie gut, erzeugen sie auch eine Atmosphäre der Entspannung und Geborgenheit. Sich mit ihnen zu beschäftigen, gibt einem das Gefühl, mit der Umwelt in Einklang zu sein. Dies gelingt allerdings nur, wenn man ihre Bedürfnisse hinsichtlich Standort und Pflege sorgfältig erfüllt.

Detaillierte Informationen hierzu finden Sie im Kapitel »Pflanzen erfolgreich pflegen und vermehren« (ab Seite 33). Spezielle Standort- und Pflegeansprüche enthalten die Pflanzen-Steckbriefe im Kapitel »Luftreinigende Pflanzen im Porträt (ab Seite 50).

GESUNDES RAUMKLIMA

MIT ZIMMERPFLANZEN

Die Raumluft in unseren Häusern und Wohnungen ist oft stärker verunreinigt, als wir es für möglich halten. Haushaltsprodukte, synthetische Stoffe in Baumaterialien und Farben oder Möbeln geben unbemerkt flüchtige organische Verbindungen an die Umgebung ab, die der Gesundheit schaden können. Durch regelmäßiges Lüften lässt sich die Raumluft austauschen. Pflanzen mit luftreinigender Wirkung können zusätzlich den Sauerstoffgehalt und die Luftfeuchtigkeit erhöhen sowie Schadstoffe aus der Raumluft filtern.

DIE »GRÜNE LEBER«

Warum der Mensch von lebendigem Grün angezogen wird und sich damit umgeben will, ist Wissenschaftlern noch weitgehend ein Rätsel. Tatsache aber ist, dass Pflanzen ihm gut tun. Der amerikanische Forscher Dr. Bill Wolverton sollte 1984 im Auftrag der US-Raumfahrtbehörde NASA nach Wegen suchen, wie sich die Luft in Raumstationen verbessern lässt. Er setzte unterschiedliche Zimmerpflanzen in gasdichten Kammern verschiedenen Schadstoffen, zum Beispiel Formaldehyd, in hoher Konzentration aus. Im Ergebnis zeigte sich, dass bestimmte Pflanzen bestimmte Schadstoffe effektiv filtern können. Mit Messungen wies er nach, wie schnell die Schadstoffbelastung in den Kammern abnahm. In ihrer »Clean Air Study« stellte dann 1989 die NASA eine erste Liste von luftreinigenden Pflanzen zusammen (siehe Kapitel »Luftreinigende Pflanzen im Porträt«). Diese wandeln nicht nur Kohlendioxid in Sauerstoff um, sondern können auch die Konzentration von Formaldehyd, Benzol, Xylol, Trichlorethylen und anderen Schadgasen in geschlossenen Räumen verringern. In den vergangenen 20 Jahren haben international Arbeitsgruppen sich verstärkt diesem Thema gewidmet. Von den unterschiedlichsten Forschungseinrichtungen weltweit wurden die physikalisch-chemischen Wirkungen von Pflanzen auf das Raumklima untersucht. Heute ist man sich

Grün-weiße Fenstergestaltung mit Phalaenopsis, Drachenbaum, Dieffenbachie, Flamingoblume, Efeu und Kalanchoe

einig, dass Zimmerpflanzen das Raumklima verbessern, indem sie vor allem die Luftfeuchtigkeit und Sauerstoffkonzentration erhöhen und somit den Anteil der schwebenden Staubpartikel verringern. Diese bilden nicht nur eine Staubschicht auf den Möbeln, sondern transportieren auch verschiedene Schadstoffe, die von Bodenbelägen, Teppichen oder Tapeten freigegeben werden. Enthält die Raumluft ausreichend Feuchtigkeit (über 40 Prozent) werden die Schadpartikel schwerer und setzen sich auf den Pflanzenblättern ab. Samtige Blätter wie beim Usambaraveilchen oder der Gerbera, aber auch mit Wachs überzogene Blätter wie beim Gummibaum oder Philodendron sind besonders effizient. Auch kleinblättrige Arten wie Birkenfeige und Zierspargel wirken als grüne Staubfilter. Studien zeigen, dass Zimmerpflanzen den Staubanteil in der Raumluft um bis zu 20 Prozent verringern können. Darüber hinaus sind sie in der Lage, toxische Stoffe aufzunehmen und umzuwandeln. Diese sind praktisch überall in unseren Wohnungen vorhanden und verursachen Beschwerden, u.a. Reizungen der Atemwege und Nasenschleimhäute. Untersuchungen ergaben, dass Menschen in begrünten Räumen seltener krank werden und weniger Stress empfinden, auch ihre Motivation ist erhöht, kurz: Wohlbefinden und Leistungsfähigkeit lassen sich durch ein »grünes« Umfeld steigern.

SAUERSTOFFSPENDER UND LUFTBEFEUCHTER

Grünpflanzen wandeln über das Blattgrün (Chlorophyll) in ihren Blättern mithilfe von Sonnenlicht Kohlendioxid in Sauerstoff um. Zimmerpflanzen absorbieren in der Raumluft enthaltene Schadstoffe durch winzig kleine Öffnungen in den Blättern. Dort werden sie entweder aufgespalten oder über die Wurzeln ins Erdreich abgegeben, wo sie als Nährstoffe für symbiotische Mikroben dienen.

Durch den sogenannten Transpirationssog gibt eine Pflanze über ihre Blätter ständig Wasserdampf ab, wodurch rund um die Pflanze eine Luftströmung entsteht. Der Dampf steigt nach oben, die Zimmerluft wird nach unten in die Erde gezogen. Dort werden die in ihr enthaltenen Schadstoffe durch die Mikroben unschädlich gemacht. Diese Effekte lassen sich optimieren, indem man Pflanzen mit dichtem oder großem Blätterwerk wählt. Je mehr Blattoberfläche vorhanden ist, umso mehr Giftstoffe werden gefiltert. Zusätzlich sollte die Erdoberfläche des Blumentopfes von Blättern frei sein, damit die Luft gut zirkulieren kann. Darüber hinaus tragen Zimmerpflanzen zur

Zur Erhöhung der Luftfeuchtigkeit und Sauerstoffkonzentration trägt insbesondere die Dieffenbachie bei.

natürlichen Luftbefeuchtung bei, denn mehr als 90 Prozent des Gießwassers werden von ihnen wieder an die Umgebung abgegeben. Abhängig von den Gießintervallen lässt sich mit Pflanzen die Luftfeuchtigkeit in Räumen um etwa 5 Prozent erhöhen. Bei trockener Heizungsluft im Winter ist das eine Wohltat für die Nasenschleimhäute und damit eine wirksame Vorbeugung gegen Erkältungen. Bei hohen Temperaturen im Sommer sorgt die Feuchtigkeitszufuhr für angenehme Kühle. Grundsätzlich lässt sich festhalten: je mehr Pflanzen, desto größer die Sauerstoff- und Befeuchtungsleistung. Pflanzen mit großer Blattoberfläche haben einen höheren Stoffwechsel und führen dementsprechend zu einer höheren Luftfeuchte.

Ein Beispiel dafür ist das Fensterblatt mit seinen großen, gelappten Blättern.

BIO-SCHADSTOFFFILTER

Pflanzen nehmen Gase über ihre Blätter auf. Sie werden von ihnen verarbeitet oder in ihre Wurzeln transportiert, wo sie den dort lebenden Mikroorganismen, sogenannten Wurzelmikroben, als Nahrung dienen. Auf diesem Weg werden auch schädliche Gase wie Formaldehyd oder Benzol über die Wurzelmikroben aufgenommen, zerlegt und damit unschädlich gemacht. Des Weiteren besitzen Pflanzen in ihren Blättern Enzyme, die Schadstoffe abbauen. Mit Pflanzen allein lässt sich schadstoffbelastete Raumluft allerdings nicht völlig reinigen. Um Schadstoffausgasungen aus Einrichtungsgegenständen, Materialien des Innenausbaus, Reinigungsmitteln oder Körperpflegeprodukten in der Raumluft zu verringern, ist vor allem ausreichendes und richtiges Lüften wichtig. Während der Heizperiode im Winter sollte man mehrmals täglich kurz und gründlich (maximal 10 Minuten) mit weit geöffneten Fenstern lüften. Es ist falsch, in der kalten Jahreszeit das Fenster nur zu kippen, weil dadurch ein vollständiger Luftaustausch viel zu lange dauert. Manchmal atmen wir in geschlossenen Räumen mehr Schadstoffe ein als draußen auf der Straße. Ein Grund dafür sind die modernen Fenster und Türen, die nahezu luftdicht schließen und somit Energie einsparen. Allerdings gelangt dadurch weniger Frischluft in die Innenräume. Deshalb ist es wichtig, das Lüftungsverhalten den neuen Gegebenheiten anzupassen.

Über eine hohe Entgiftungskapazität verfügen Bogenhanf (l.) und Gerbera (u.).

Um welche Schadstoffe geht es?

Manche Stoffe wirken erst ab einer bestimmten Konzentration schädlich (zum Beispiel Formaldehyd), andere sind bei langer Einwirkung schon in geringsten Mengen gefährlich (zum Beispiel Benzol). Die Schadstoffbelastung der Luft ist vielfach die Ursache von Befindlichkeitsstörungen wie Kopfschmerzen, Schwindel, Übelkeit, Appetitlosigkeit, kann darüber hinaus aber auch zu ernsthaften Erkrankungen führen. Durch einen hohen Gehalt an Kohlendioxid in der Luft wird die Atmung beeinträchtig, was auch einen gesunden Nachtschlaf unmöglich macht. Der Körper geht in einen »Sparflammen-Modus« und man wacht morgens gerädert auf.

Die Empfindlichkeit von Menschen gegenüber Luftschadstoffen ist individuell verschieden. Manche reagieren bereits auf geringste Mengen mit Schlafstörungen, Atembeschwerden und verringerter Leistungsfähigkeit. Diese Symptome können aber auch Warnsignale für eine ernsthafte Gesundheitsgefährdung sein.

Formaldehyd entweicht unter anderem aus Pressholzprodukten, Papierwaren und Bodenversiegelungen sowie bei Verbrennungsvorgängen. In Innenräumen ist es in viel höherer Konzentration vorhanden als draußen. Es reizt die Rachen- und Nasenschleimhäute und kann zu Hustenreiz und Atembeschwerden führen.

Benzol ist Bestandteil von Benzin, Öl, vielen Farben, Plastik- und Gummiartikeln. Vergiftungssymptome sind Reizungen von Haut und Schleimhäuten, Schwindel, Kopfschmerzen und Übelkeit. Es gilt auch als krebserregend.

Trichlorethylen ist häufig auch ein Bestandteil von Druckfarben, chemischen Reinigungsmitteln und Lacken. Es reizt die Schleimhäute und gilt ebenfalls als krebserregend.

Xylol ist eine organisch-chemische Kohlenwasserstoffverbindung. Man findet es als Lösungsmittelbestandteil von Lacken sowie als wichtigen Rohstoff für spezielle Anwendungen im Maler- und Lackiererhandwerk. Zudem ist es an der Herstellung von Kunst- und Klebstoffen beteiligt.

Toluol ist wie Benzol Bestandteil von Klebstoffen und Farben.

Ammoniak ist eine gasförmige Verbindung von Stickstoff und entsteht hauptsächlich durch landwirtschaftliche Prozesse und intensive Tierhaltung. Es kann auch in Abbeizmitteln und Dichtungsmassen auf Silikonbasis enthalten sein.

EIN GRUNDSÄTZLICHER RAT

Um sich weitgehend vor der Ausdünstung von Schadstoffen in Innenräumen zu schützen, sollte man unbedingt beim Kauf von Möbeln und Teppichen sowie bei der Wahl von Wandfarben auf Gütesiegel wie zum Beispiel »LGA-schadstoffgeprüft«, »Blauer Engel« oder »Öko-Control« achten. Die damit ausgezeichneten Produkte sind nicht frei von Schadstoffen, die Siegel garantieren aber, dass bei den Schadstoffemissionen Richtwerte eingehalten werden, die unterhalb der gesetzlich zulässigen Grenze liegen. Es ist zwar erwiesen, dass bestimmte Zimmerpflanzen Benzol, Formaldehyd, Trichlorethylen und andere Giftstoffe abbauen. Die zugrunde liegenden Mess-Ergebnisse wurden jedoch unter Laborbedingungen gewonnen. In alltäglichen Wohn- und Arbeitsräumen lässt sich dieser Effekt kaum messen. Selbst viele Grünlilien können beispielsweise ein Raucherzimmer nicht vom Nikotin entgiften. Für eine gesunde Raumluft ist deshalb erstes Gebot, Schadstoffquellen weitestgehend zu vermeiden bzw. zu entfernen. Dann lassen sich Pflanzen zusätzlich zur Luftreinigung wirkungsvoll einsetzen (die NASA-Studie empfiehlt eine Pflanze auf 9 m^2). Sie tragen dazu vor allem – wie bereits erwähnt – durch das Binden von Staub bei. In Arbeitsräumen mit elektronischen Geräten wie Computern, die durch ihre Lüftungsventilatoren Staubpartikel aufwirbeln, wirkt sich dies wohltuend aus.

Westfenster mit verschiedenen Drachenbaum-Arten und Kletterfeige

DEN RICHTIGEN STANDORT FINDEN

Wer an seinen Zimmerpflanzen langfristig Freude haben will, muss ihnen einen Standort geben, der ihren Ansprüchen genügt. Der Großteil unserer Zimmerpflanzen bevorzugt einen hellen, warmen Platz und nicht zu trockene Luft. Einige brauchen eine halbschattige, warme und luftfeuchte Umgebung, anderen geht es nur an schattigen, kühlen Standorten gut. Welcher Standort den jeweiligen Bedürfnissen am besten genügt, muss vor Pflanzenauswahl und -kauf festgelegt werden.

DER PASSENDE PLATZ

Von der Fülle an Pflanzen, die sich heute in Haus und Wohnung ziehen lassen, konnte man früher nur träumen. Denn viele der meist aus wärmeren oder tropischen Regionen stammenden Schönheiten waren dem Zimmergärtner unbekannt. Er konnte sie allenfalls in Botanischen Gärten bewundern. Andererseits zählen manche Pflanzen, die als Neuheiten angepriesen werden, zu den »Allerweltspflanzen« und feiern nur ein fröhliches Comeback wie zum Beispiel Farne und Palmen. Die erfolgreiche Haltung von Zimmerpflanzen basiert auf den Faktoren Licht, Temperatur und Feuchtigkeit. Alle Pflanzen vertragen es zwar für kurze Zeit, etwas heller oder dunkler, wärmer oder kälter zu stehen, als es ihren Bedürfnissen entspricht. Damit sie sich jedoch auf Dauer wohlfühlen und weiterwachsen, sollte man ihnen in Haus und Wohnung einen Platz anbieten, der so weit als möglich den Bedingungen an ihrem ursprünglichen Wuchsort entspricht. Ist dies gewährleistet, kann das grüne Zuhause gedeihen und wachsen und für ein gesundes Raumklima sorgen.

In einem Haus lässt sich fast für jeden Standort eine passende Pflanze finden.

WOHNRÄUME

In den meisten Fällen wird man die Räume, in denen man sich täglich am häufigsten aufhält, mit Pflanzen verschönern und gestalten wollen. Das *Wohnzimmer* als größter und hellster Raum liegt meist nach Süden, Südosten oder Südwesten hin. Es hat gewöhnlich die beste Lage hinsichtlich der Sonneneinstrahlung sowie große Fenster oder Fenstertüren, um so viel Licht wie möglich hineinzulassen. Hier können zum Beispiel Ficus-Arten, verschiedene Palmen-Arten, Klimme und Pfeilwurz dekorativ eingesetzt werden. Die Einrichtung von *Schlaf- und Arbeitszimmer* ist auf ein beherrschendes, zentrales Element bezogen: Bett oder Schreibtisch. Hier beschränkt man sich am besten auf eine oder zwei Pflanzen, die dem Raum, vor allem im Arbeitszimmer, ein angenehmes Ambiente verleihen. Ein helles, kühles Schlafzimmer, das auch im Winter kaum geheizt wird, ist der ideale Platz für Pflanzen, die niedrige Temperaturen brauchen oder vertragen. Hier fühlen sich zum Beispiel Birkenfeige, Weihnachtsstern und Strahlenaralie das ganze Jahr über wohl.

Ein schöner Solitär wie die Palmlilie kann für ein frisches Ambiente sorgen.

Tipp

Im Schlafzimmer muss man auf duftende Pflanzen verzichten. Der dauerhafte Aufenthalt in diesem Raum verwandelt einen angenehmen Duft in einen unangenehmen Duftnebel.

Gelb-bunter Drachenbaum und Lorbeerfeige (Ficus)

Zamioculcas und Elefantenfuß unterstützen ein gutes Raumklima im Büro.

WINTERGARTEN

Für Pflanzen ist der Wintergarten ein optimaler Standort, weil er mehr Licht bietet als irgendein anderer Raum des Hauses. Auch wenn hier die Schadstoffkonzentration nicht sonderlich hoch ist, so wird man dennoch von der luftreinigenden Wirkung der Pflanzen profitieren. Zu bedenken ist, dass selbst mit Schattierung bei intensiver Sonneneinstrahlung sich die Luft im Wintergarten sehr schnell erwärmt. Es muss also gleichmäßig frische, kühlere Luft zugeführt und erwärmte Luft abgeführt werden, damit für Menschen und Pflanzen ein angenehmes Klima herrscht. Dies lässt sich relativ rasch, aber nur kurzfristig mit dem Öffnen der Wintergartentüren regeln. Zusätzlich müssen steuerbare Lüftungsmöglichkeiten zum Einsatz kommen, vor allem auch dann, wenn die Bewohner abwesend sind. Sie sorgen für einen zwar langsameren, aber stetigen Luftaustausch. Wer den Wintergarten als zusätzliches grünes Wohnzimmer benutzt und auch im Winter heizt, kann darin alle wärmeliebenden Pflanzen kultivieren.

Im Wintergarten lassen sich auch mehrere große Pflanzen unterbringen.

Efeutute ›Aureum‹ und Gefleckte Efeutute eignen sich auch gut für eine Ampelpflanzung.

TIPP

Wegen Kochgerüchen und Dunst wird in der Küche oft gelüftet. Zimmerpflanzen vertragen jedoch, besonders im Winter, keine Zugluft. Um sie davor zu schützen, stellt man sie beim Lüften hinter die geöffneten Fensterflügel.

KÜCHE

Die Küche soll funktional und ansprechend sein, denn hier werden täglich Mahlzeiten zubereitet. In der Regel ist der Platz knapp bemessen und kann nicht zusätzlich durch Pflanzen eingeschränkt werden. Sie lassen sich am besten auf Küchenregalen und -schränken oder dem Fensterbrett arrangieren und passen auch in nicht genutzte Nischen oder Winkel. Die Raumtemperatur in der Küche kann stark variieren. Ist der Backofen in Betrieb, heizt sie sich stark auf, beim Lüften sinkt sie wieder ab. Deshalb sollte man Pflanzen auswählen, denen Temperaturunterschiede nichts ausmachen wie Efeu, Dreimasterblume und Grünlilie. Da Pflanzen fetthaltiger Dunst schlecht bekommt, bieten sich in der Küche vor allem Arten mit ledrigen Blättern an, die sich gut abwischen lassen.

Verschiedene Farne und Alpenveilchen

Der Schwertfarn eignet sich optimal zur Badbegrünung.

BAD

Damit im Bad Pflanzen gedeihen, muss es über ein ausreichend großes Fenster verfügen. Da die Scheiben häufig aus Mattglas bestehen, herrscht ein eher gedämpftes Licht. Daher sollten die ausgesuchten Pflanzen Halbschatten vertragen. Im Bad fließt das Wasser zeitweise in Strömen, dabei entsteht jede Menge Wasserdampf und die Raumluft ist sehr feucht. Hier eignen sich also Pflanzen, die es besonders feucht mögen wie zum Beispiel Farne. Von den zahlreichen Arten, die sich als Zimmerpflanzen kultivieren lassen, hat sich der Schwertfarn als wirkungsvollster Luftreiniger erwiesen. Da in der Regel der Platz auch im Bad begrenzt ist, sollten nicht mehr als zwei Pflanzen eingeplant werden.

In einem hellen Bad lässt sich die Grünlilie mit ihren herabhängenden Blättern auch gut als Ampelpflanze einsetzen.

Treppen und Flure sind Durchgangsbereiche mit einem erhöhten Luftaustausch.

FLURE UND TREPPENHÄUSER

Eingänge, Flure und Treppen sind Durchgangsbereiche, in denen ein ständiges Kommen und Gehen herrscht. Der dadurch erzeugte Luftaustausch baut Schadstoffe ab, der luftreinigenden Wirkung der Zimmerpflanzen kommt hier also keine so große Bedeutung zu. Treppen oder Flure sind oft eng und schmal und nur selten ein Paradies für Pflanzen. Andererseits bieten die Höhenunterschiede reizvolle Gestaltungsmöglichkeiten, immer vorausgesetzt, dass die Lichtverhältnisse ausreichend sind. Hier ist auch Platz für ein Ausweichquartier, wenn grüne Gäste zu groß für die Fensterbank im Wohnzimmer geworden sind. Da es in diesen Bereichen vor allem im Winter kühler ist als in den Wohnräumen, sind sie auch als Winterquartier für alle Gewächse geeignet, die eine Vegetationspause bei niedrigen Temperaturen brauchen.

LICHTBEDÜRFNISSE

Zuerst müssen die Lichtverhältnisse an den in Frage kommenden Plätzen überprüft werden. Dabei sollte man sich nicht nur auf seine Augen verlassen, denn wir Menschen empfinden Licht noch als recht hell, wenn es den Pflanzen schon zu dunkel ist. Mit einem Belichtungsmesser (Luxmeter) lässt sich die Helligkeit am ausgewählten Standort prüfen. Sie ist auch nicht das ganze Jahr über gleich. Steht zum Beispiel vor einem Südfenster ein Baum, dann wird es vor dem Fenster oder auf der Fensterbank zwar warm, aber nicht unbedingt hell und sonnig. Ein Nordfenster in den oberen Etagen lässt mehr Licht durch als ein Westfenster im Erdgeschoss. Und nicht zu vergessen sind die unterschiedlichen Tageslängen im Laufe der Jahreszeiten. Auch die Maße der Fenster spielen eine Rolle. Je größer sie sind, desto weiter ist der Einfallswinkel des Lichts. Als Maß für das an einem Standort verfügbare Licht dient die Beleuchtungsstärke, angegeben in Lux. Direkt am Fenster erhalten die Pflanzen die volle Lichtmenge, also 100 Prozent. Bereits 1 m vom Fenster entfernt beträgt die Lichtintensität nur noch 50–80 Prozent, je nach Fenstergröße.

Wie viel Licht eine Pflanze braucht, hängt auch von der Zimmertemperatur ab. Grundsätzlich gilt: Je heller der Standort, desto wärmer darf die Pflanze stehen. Die Standorte der Pflanzen in der Wohnung sollte man also zunächst nach deren Lichtansprüchen auswählen.

Mit einem Luxmeter kann man feststellen, ob das Licht am gewählten Standort für die Pflanze ausreicht.

TIPP

Mindestlichtbedarf:

Halbschattig bis schattig > mind. 500 Lux

Hell bis halbschattig > mind. 800 Lux

Sonnig bis hell > mind. 1000 Lux

WELCHES FENSTER?

Die meisten Pflanzen bevorzugen zwar einen hellen Platz, vertragen aber keinesfalls die pralle Mittagssonne.

Südfenster bieten die längste und intensivste Sonneneinstrahlung, was nur für extrem sonnenhungrige Gewächse von Vorteil ist. Sie sind dann als Standort geeignet, wenn sich durch Außenbeschattung (Rollo, Markise) Licht und Hitze reduzieren lassen. Ansonsten ist die Gefahr der Austrocknung schnell gegeben. Bei einer Innenschattierung staut sich die Hitze dahinter und schadet insbesondere den empfindlichen Zimmerpflanzen.

Ostfenster eignen sich vor allem für Pflanzen mit mittlerem Helligkeitsbedarf und haben den Vorteil, dass die Morgensonne als »wachstumsfördernd« gilt. Der Lichteinfall kann lange anhalten, ohne dass Schäden zu befürchten sind. Nur bei Nordostausrichtung können sich Probleme durch mangelnden Lichteinfall und Kühle ergeben. Bei Südostausrichtung ist über Mittag eine Schattierung nötig.

Die Dendrobie braucht einen sehr hellen Standort.

Westfenster mit Nordausrichtung bieten für nahezu alle Zimmerpflanzen ideale Verhältnisse. Gegebenenfalls muss im Sommer mittags schattiert werden. Reine Westfenster sind fast ebenso ungünstig wie Südfenster. Tagsüber heizt sich der Standort auf, nachts sinken die Temperaturen abrupt ab. Diese Schwankungen sind den Pflanzen nicht zuträglich.

Nordfenster haben den Vorteil, dass alle Pflanzen mit geringen Lichtansprüchen hier ein ausgeglichenes Klima vorfinden. Austrocknung und Hitzeschäden sind ausgeschlossen, eine Schattierung ist nicht nötig. Von Nachteil ist, dass vor dem Fenster stehende Bäume zusätzlich Schatten erzeugen und selbst schattenverträgliche Pflanzen dann kaum überleben können.

TEMPERATURBEDINGUNGEN

Unsere Zimmerpflanzen stammen aus den unterschiedlichsten Klimazonen. Um sie erfolgreich zu kultivieren, muss man ihnen in Haus und Wohnung Bedingungen schaffen, die ihren natürlichen Bedürfnissen weitgehend entsprechen. In der Praxis ist dies nicht immer umsetzbar, denn in erster Linie brauchen wir Menschen ein behagliches Wohnklima und nicht eines, in dem sich eine Pflanze aus dem tropischen Regenwald wohlfühlt. Beachtet man einige Faustregeln, gelingt es, sowohl uns als auch den Pflanzen ein angenehmes Klima zu schaffen. Allerdings lässt sich beides im Winter nicht ganz einfach unter einen Hut bringen.

Im Allgemeinen ist es den Zimmerpflanzen während der Heizperiode zu warm. Vor allem vertragen sie die trockene Heizungsluft nicht, deshalb muss man nachts die Raumtemperatur absenken. Grund dafür sind biochemische Abbauprozesse, die vorwiegend nachts ablaufen. Dabei »veratmen« die Pflanzen die während des Tages aufgebauten Stoffe, und zwar umso intensiver, je höher die Umgebungstemperatur ist. Auch aus gesundheitlichen und ökologischen Gründen ist deshalb eine Nachtabsenkung der Heizung sinnvoll, Thermostat, Zeitschaltuhr oder Dämmerungsschalter erleichtern dies.

Bei vielen Pflanzen muss auch das jahreszeitliche Klima berücksichtigt werden. Hier reicht oft einfaches Umräumen aus. Denn die verschiedenen Standorte in Haus und Wohnung bieten bereits unterschiedliche »Klimazonen«. Nutzt man diese Unterschiede mit Sachkenntnis aus, sollte es gelingen, den Temperaturansprüchen der Zimmerpflanzen zu genügen.

TIPP

Stehen Zimmerpflanzen direkt über einem Heizkörper auf der Fensterbank, kann mit einer 5 cm dicken Schaumstoffunterlage isoliert werden, sodass die Wärme seitlich an den Blättern vorbeistreicht.

PFLANZENAUSWAHL UND -KAUF

Zimmerpflanzen werden heute auch in Super- und Baumärkten angeboten, dem Käufer bleibt die Qual der Wahl. Teure Pflanzen sollte man jedoch nur im Fachhandel kaufen. Hier ist davon auszugehen, dass die Pflanzen einwandfrei sowie artgerecht untergebracht sind und gepflegt werden. Das Personal ist geschult und berät sachkundig bei Auswahl und Kauf der Pflanzen. Es gibt zudem Fachbetriebe, die sich schwerpunktmäßig auf bestimmte Pflanzengruppen wie Orchideen, Palmen, Kakteen und Sukkulenten oder Kübelpflanzen spezialisiert haben. Sie verkaufen die Pflanzen direkt oder versenden sie auch. Der Versandhandel ist jedoch mit Risiken verbunden. Man kann sich die Pflanzen nicht selbst aussuchen und weiß auch nicht, wie es ihnen auf dem Transport ergangen ist.

Im Gartencenter wird man bei Pflanzenauswahl und -kauf von Fachleuten beraten.

WIE ERKENNT MAN EINE GESUNDE PFLANZE?

Die Qualität einer angebotenen Pflanze ist oft nicht leicht zu beurteilen. Neben ihrem Aussehen spielen auch die äußeren Umstände des Geschäfts eine Rolle. Die Pflanzen sollten in sauberen Töpfen stehen und mit einem Etikett versehen sein, auf dem der Name und die grundlegende Pflegeanleitung stehen. Des Weiteren ist auf Folgendes zu achten:

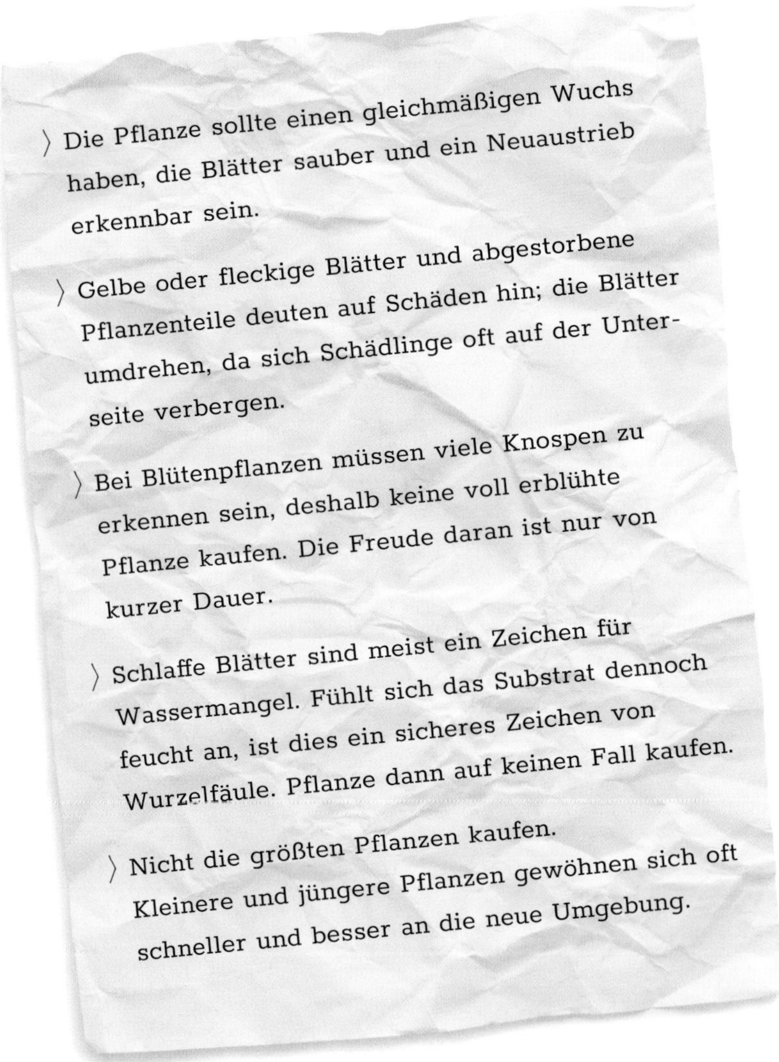

〉Die Pflanze sollte einen gleichmäßigen Wuchs haben, die Blätter sauber und ein Neuaustrieb erkennbar sein.

〉Gelbe oder fleckige Blätter und abgestorbene Pflanzenteile deuten auf Schäden hin; die Blätter umdrehen, da sich Schädlinge oft auf der Unterseite verbergen.

〉Bei Blütenpflanzen müssen viele Knospen zu erkennen sein, deshalb keine voll erblühte Pflanze kaufen. Die Freude daran ist nur von kurzer Dauer.

〉Schlaffe Blätter sind meist ein Zeichen für Wassermangel. Fühlt sich das Substrat dennoch feucht an, ist dies ein sicheres Zeichen von Wurzelfäule. Pflanze dann auf keinen Fall kaufen.

〉Nicht die größten Pflanzen kaufen. Kleinere und jüngere Pflanzen gewöhnen sich oft schneller und besser an die neue Umgebung.

Erste Pflege nach dem Kauf

Ehe die Pflanzen zuhause an ihrem endgültigen Platz stehen, haben sie eine lange und anstrengende Reise hinter sich. Gewächshäuser bieten ihnen ganzjährig eine Umgebung, die ihren Ansprüchen optimal genügt. Mit der Verpackung und dem Transport im Lastwagen zur Pflanzengroßhandlung bekommen sie den ersten Schock. Dort werden sie erneut verpackt, umgeladen und in die Fachgeschäfte gebracht. Dann kommt der Käufer und das Ganze wiederholt sich. Dies alles bedeutet für die Pflanzen einen wiederholten Wechsel von Licht, Temperatur und Luftfeuchtigkeit. Um diesen Stress zu verkraften, brauchen sie viel Energie und Zeit zum Eingewöhnen. Deshalb sollte man in den darauf folgenden Tagen keine besondere Triebfreudigkeit und rasche Knospenbildung erwarten.

Zuhause die Pflanze gleich auswickeln, damit sie Luft bekommt und sich ihre Triebe ausbreiten können.

Am besten werden Pflanzen im Frühjahr oder Frühsommer mit der Umstellung fertig. Teure Pflanzen sollte man möglichst nicht im Winter kaufen. Lässt sich der Winterkauf nicht vermeiden, müssen sie sorgfältig in mehrere Lagen Zeitungspapier eingewickelt werden. Ist die Pflanze gekauft, wird sie schonend nach Hause gebracht. Ein längerer Aufenthalt im von der Sonne aufgeheizten Auto kann ihr ebenso schaden wie Kälte oder Zugluft. Zuhause angekommen, wickelt man die Pflanze gleich aus, damit sie Luft bekommt und sich ihre Triebe ausbreiten können. Der Neuerwerb muss sich erst langsam an die neue Umgebung gewöhnen. So ist es oftmals besser, sonnenliebende Gewächse in den ersten Tagen an einen zwar hellen, jedoch nicht vollsonnigen Platz zu stellen.

MIT ZIMMERPFLANZEN GESTALTEN

Wie die Pflanzen selbst können Pflanzgefäße Gestaltungselemente sein. Wichtige Kriterien bei der Auswahl sind Wuchsform und Größe der Pflanze, für die das Gefäß gedacht ist. Wohnstil und persönlicher Geschmack ergeben weitere Richtlinien.

〉 Kleine Pflanzen sehen in großen Übertöpfen verloren aus, der Topf darf nicht höher sein als die Pflanze.

〉 Buschige Pflanzen kommen in runden, bauchigen Gefäßen besonders gut zur Geltung.

〉 Bei Pflanzgruppen empfehlen sich einheitliche Gefäße evtl. in unterschiedlichen Größen.

Oft sind es nur Kleinigkeiten, die Zimmerpflanzen erst zum Blickfang machen. Auf niedrigen Tischchen aus Holz, Glas oder Plexiglas fallen sie besonders gut ins Auge. Das spielt vor allem bei Gruppenpflanzungen eine Rolle. Durch unterschiedliche Höhen kann der Gesamteindruck verbessert werden.

Pflanzensäulen aus Porzellan, Glas oder Holz mit einem Bein, oft mit kunstvoll gearbeitetem Fuß, gibt es schon seit Beginn der Zimmerpflanzenkultur. Die Säulen können rund, viereckig oder sechseckig sein. Sehr schöne und edle Stücke kann man immer wieder in Antiquitätenläden finden. Auch in einer modern eingerichteten Wohnung wirkt solch ein antikes Einzelstück.

Eine weitere Möglichkeit, Zimmerpflanzen dekorativ einzusetzen, sind Raumteiler. Mit Regalen lässt sich zum Beispiel der Essplatz von der Sitzecke trennen. Wenn es die Lichtverhältnisse erlauben, bieten Raumteiler auch ideale Standorte für Pflanzen mit hängendem oder niedrigem Wuchs. Große baumartige Kübelpflanzen können sogar einen Raumteiler ersetzen.

Regal als Raumteiler mit weißen Pflanzen: Kalanchoe, Weihnachtsstern, Chrysantheme, Flamingoblume und Zierspargel

PFLANZEN ERFOLGREICH
PFLEGEN UND VERMEHREN

Pflanzen, mit denen wir uns in Haus und Wohnung umgeben, wachsen beengt in Töpfen und Kübeln. Nur mit regelmäßiger und sorgfältiger Pflege können sie hier gedeihen und wachsen und das Raumklima verbessern. Das folgende Kapitel gibt Anleitungen zur grundlegenden Pflanzenpflege: Wie man richtig gießt und düngt, wann umgetopft werden muss, auf welche Weise sich Pflanzen vermehren lassen, wie sie gut über den Winter kommen und was bei Schädlingsbefall und Krankheiten zu tun ist.

DER WEG ZUM GRÜNEN DAUMEN

Bei Zimmerpflanzen »einen grünen Daumen« zu haben soll bedeuten, sie gedeihen und wachsen, obwohl man wenig dazu beiträgt. Kann das möglich sein?

Für jeden Standort in Haus und Wohnung gibt es eine ausreichende Anzahl von Pflanzenarten, die dann pflegeleicht sind, wenn hier ihre Ansprüche erfüllt werden. Sie an den richtigen Platz zu stellen, genügt aber nicht. Pflanzen kommen oft aus entfernten Winkeln der Erde und bringen von dort ihren inneren Rhythmus mit. Nur wenn dieser eingehalten wird, lässt sich eine Pflanze richtig pflegen. Denn was im Frühjahr und Sommer für sie gut ist, kann ihnen im Herbst und Winter schaden. Viele Zimmerpflanzen legen auch im Winter eine ausgeprägte Wachstumspause (Ruhezeit) ein, ehe sie mit der Ausbildung von neuen Trieben und Blütenknospen beginnen. Entsprechend dem Jahreszeiten- und Witterungswechsel in ihrer Heimat verschieben sich ihre Temperaturansprüche. Aus diesem Grund verlangen sie mal mehr, mal weniger Wärme, Wasser, Luftfeuchtigkeit und Nährstoffe. Wenn dies alles zur rechten Zeit richtig dosiert wird, können sich die Pflanzen tatsächlich auf einen grünen Daumen verlassen. Ein guter Einstieg sind pflegeleichte Pflanzen, die gelegentliche Pflegefehler nicht übel nehmen und auch relativ widerstandfähig gegenüber Schädlingen sind.

Zur Erhöhung der Luftfeuchtigkeit stellt man die Pflanze in einen mit Blähton und Wasser gefüllten Untersetzer.

Bei Topferden gibt es Qualitätsunterschiede. Läuft das Gießwasser ungehindert durch den Topf, kann das Untermischen von Lehm Abhilfe schaffen.

DAS SUBSTRAT

Die meisten Zimmerpflanzen sind meist so robust, dass sie mit sogenannter Einheitserde sehr gut zurechtkommen. Fertige Topferden werden heute nicht nur im Gartenfachhandel, sondern auch in Bau- und Supermärkten oder auf Wertstoffhöfen angeboten. Allerdings gibt es Qualitätsunterschiede. Kauft man die Erde beim Gärtner, wird dieser ein hochwertiges Substrat empfehlen und man kann ganz sicher sein, dass dieses den Anforderungen der jeweiligen Pflanzen entspricht. In jedem Fall sollte man für Zimmerpflanzen eine fertig abgepackte Erde kaufen, da sie keimfrei und nach bestimmten Rezepturen zusammengestellt ist. Generell bevorzugen die meisten Topfpflanzen ein leicht saures Substrat. Damit langlebige Zimmerpflanzen nicht verschlämmen und versauern, kommt es auch auf das Gewicht der Erde an, ob sie dauerhaft durchlässig ist und das Wasser halten kann.

DIE BEWÄSSERUNG

Die meisten Zimmerpflanzen gehen ein, weil sie regelrecht ertränkt werden. Dabei macht es vielen von ihnen gar nichts aus, wenn sie einmal etwas welken. Das kennen sie auch von ihrem ursprünglichen Wuchsort in den Subtropen, wo sie oft lange Zeit keinen Tropfen Wasser bekommen und dann von sintflutartigen Regenfällen überschwemmt werden. Daran sind sie so angepasst, dass sie auch im Topf am besten gedeihen, wenn der Wasserstand im Boden steigt und fällt.

Wasserqualität und -temperatur

Leitungswasser ist fast überall zu hart, das heißt, es enthält viel Kalk, den viele Pflanzen nicht vertragen. Zur Enthärtung des Wassers bieten sich verschiedene Methoden an. Bei einer Härte von 8–9° dH reicht es aus, das Wasser fünf Minuten zu kochen, der Kalk bleibt als Kesselstein im Topf zurück. Für härteres Wasser bietet der Fachhandel verschiedene »Weichmacher« und Filtergeräte an. Achtung: Destilliertes Wasser vertragen Pflanzen überhaupt nicht.

Eine wichtige Rolle spielt auch die Temperatur des Wassers, die ungefähr der des Substrats entsprechen sollte: zimmerwarm, also 20 °C. Dazu lässt man am besten die Kanne mit dem Gießwasser einen Tag lang im Raum – jedoch nicht auf der zugigen Fensterbank aus Marmor – stehen.

RICHTIG GIESSEN

Eine allgemeine Gießregel gibt es nicht, aber eine grundsätzliche Empfehlung: lieber zu wenig als zu viel gießen! Am besten gießt man vormittags, so kann die Pflanze auch im Sommer genug Wasser aufnehmen, ehe ein Großteil davon in der Mittagssonne verdunstet. Andererseits ist dann bis zum Abend, wenn Assimilation und Wasseraufnahme eingeschränkt werden, der Ballen nicht mehr durchnässt. Das beugt Pilzbefall und Wurzelfäule vor. Bei empfindlichen Pflanzen wie dem Alpenveilchen gießt man in den Untersatz oder Übertopf, weil sie faulen, wenn Herzblätter oder Wurzelhals feucht werden. Viele andere Zimmerpflanzen lassen sich auf die gleiche Weise mit Wasser versorgen, wenn darauf geachtet wird, dass sie nicht länger als eine halbe Stunde im Wasser stehen. Der Rest muss abgeschüttet werden. Gewässert wird höchstens so lange, bis Wasser aus dem Abzugsloch läuft. Fließt das Wasser unten heraus, ohne dass der Erdballen durchfeuchtet wird, sind die Wurzeln zu dicht zusammengewachsen. Sie müssen aufgelockert und die Pflanze umgetopft werden. Einige Pflanzen wie Azaleen und Schwertfarn wollen ein- bis zweimal im Monat für eine halbe Stunde bis zum oberen Topfrand in weiches Wasser gestellt werden. Danach sollten sie einige Tage trocken stehen, ehe sie wieder normal gegossen werden.

Bei manchen Pflanzen reagieren die Blätter empfindlich auf Nässe, am besten über den Untersetzer gießen.

In der Regel werden Pflanzen von oben über das Substrat gewässert.

Bei völliger Ballentrockenheit hilft meist ein kurzes Tauchbad.

Überschüssiges Wasser im Untersetzer muss nach einer halben Stunde abgegossen werden.

TIPP

Um stehendes Wasser im Übertopf zu vermeiden, legt man eine Schicht Kies auf den Topfboden, sodass dieser immer trocken bleibt.

Urlaubsbewässerung

Was für den Pflanzenfreund die schönste Zeit im Jahr ist, wird für die Pflanzen oft zur Durststrecke, wenn sie im Sommer eine Zeitlang allein über die Runden kommen müssen. Für einen Kurzurlaub reicht es meist aus, die Pflanzen vor Reiseantritt gründlich zu wässern und sie an einen schattigen, kühlen Platz zu stellen, um die Verdunstung und somit den Wasserbedarf zu reduzieren. Die beste Urlaubsbewässerung während eines längeren Urlaubs sind natürlich zuverlässige Freunde oder Nachbarn, die aber auch nicht immer bzw. regelmäßig zur Verfügung stehen. Das Problem lässt sich mit Langzeitbewässerungen lösen, die nur etwa alle ein bis zwei Wochen aufgefüllt werden müssen. Die Methoden reichen von ganz einfachen, auch selbst gemachten, pfiffigen Tricks bis hin zum ausgeklügelten System aus dem Gartenfachhandel.

TIPP

Der Durst der Pflanzen verringert sich, wenn man vor der Abreise übergroße Blattmasse und Blüten zurückschneidet und die Töpfe vom hellen Fensterbrett in den Schatten stellt.

LUFTFEUCHTIGKEIT

Neben der Gießkanne sollte ein Hygrometer (Gerät zur Messung der Luftfeuchtigkeit) zur Standardausrüstung des Zimmergärtners gehören. Denn der Durst der Pflanzen wird nicht nur über ihre Wurzeln gestillt. Während der Heizperiode verringert sich Luftfeuchtigkeit in den Räumen, sie sinkt dann oft auf 30–40 Prozent ab, was für die meisten Pflanzen viel zu gering ist. Trockene Heizungsluft schadet nicht nur der menschlichen Gesundheit, sie macht auch den Pflanzen zu schaffen. Häufig werden deshalb an die Heizkörper (Radiatoren) mit Wasser gefüllte Tonrohre gehängt. Damit erreicht man allerdings keine große Wirkung, weil aus dem winzigen Wasserspiegel und den porösen Tonwänden nur wenig verdunsten kann. Geeigneter sind flache Gefäße mit einer dicken Filzplatte, die in einer Rinne mit Wasser liegt und es hoch saugt. Stellt man diese Gefäße auf den Heizkörper, verdampfen sie 1 l pro Stunde. Das genügt jedoch auch nicht, um das Raumklima (auch bei Fußbodenheizung) spürbar zu verändern. Das können nur elektrische Luftbefeuchter leisten. Je nach Bauart und Arbeitsweise unterscheidet man zwischen Verdampfern, Zerstäubern und Verdunstern, nur Letztere sind empfehlenswert. Sie arbeiten mit einem Filter und befeuchten die Raumluft in Abhängigkeit von der vorhandenen Luftfeuchtigkeit.

Die meisten Pflanzen vertragen direktes Besprühen gut.

Besprühen

Dies ist eine weitere Möglichkeit, die Luftfeuchtigkeit für die Pflanzen zu erhöhen. Einige Arten leben regelrecht auf, wenn man sie ein- bis zweimal täglich einnebelt. Manche Pflanzen reagieren aber auch empfindlich, wenn ihre Blätter nass werden. Auch die meisten Blüten sind wasserempfindlich und werden fleckig. Grundsätzlich sollte man zum Besprühen nur auf 20 °C erwärmtes, kalkfreies Wasser benutzen, damit sich kein grauer Kalkbelag auf den Blättern bildet. Zum Sprühen gibt es zahlreiche preiswerte Geräte, vom einfachen Gummisaugball bis zu Einhandzerstäubern mit auswechselbarer Düse und genauer Feineinstellung. Sie lässt sich auf einen harten Strahl einstellen, um Blattläuse abzuspritzen oder kann so weit zugedreht werden, dass nur ein ganz feiner Nebel entsteht.

Einige Pflanzen wollen nur indirekt eingenebelt werden.

NÄHRSTOFFVERSORGUNG

Der Nährstoffbedarf der Pflanzen ist ebenso unterschiedlich wie der Wasserbedarf. Es gibt hungrige und genügsame Arten, die einen erwarten das ganze Jahr über gleichmäßige Nährstoffgaben, andere wollen nur in bestimmten Zeitabschnitten versorgt werden. Viele Pflanzen mögen auch keinen »Einheitsbrei«, sondern bevorzugen eine spezielle Zusammensetzung des Menüs. Am gebräuchlichsten ist die Anwendung von *Flüssigdüngern,* die mit der Verschlusskappe als Maßeinheit leicht zu dosieren sind. *Gekörnte Dünger* oder *Düngersalze* sind vielfach wasserlöslich oder das Granulat wird auf die feuchte Topferde gestreut und gibt beim Gießen die Nährstoffe an das Substrat ab. Ähnlich erfolgt die Lösung der Salze bei *Düngestäbchen* oder *-tabletten.* Man steckt sie einfach in die Erde und muss sich längere Zeit nicht mehr um die Nährstoffversorgung kümmern.

TIPP

Am einfachsten sind Düngestäbchen. Das Gießwasser löst die enthaltenen Nährstoffe so langsam heraus, dass es genügt, im Mai, Juli und September mehrere Stäbchen gleichmäßig verteilt am Topfrand in das Substrat zu stecken.

Düngen mit Maß

Am wichtigsten ist eine ausreichende Nährstoffversorgung der Pflanzen während der Hauptvegetationszeit, also vom Austrieb im Frühjahr an bis zum Spätsommer. Während der Ruheperiode darf nur minimal oder gar nicht gedüngt werden. Auch bei Jungpflanzen, die noch nicht genügend Wurzelwerk ausgebildet haben, sollte nicht gedüngt werden. Nach dem Umtopfen in frische Erde, die meist mit Nährstoffen angereichert ist, wartet man drei bis vier Wochen mit der Nachdüngung. Generell gilt die Faustregel: Je mehr Blüten oder Blattwerk eine Pflanze entwickelt, desto höher sind Energieverbrauch und -bedarf, desto öfter muss für Nährstoffnachschub gesorgt werden. Dabei sollte man immer an der untersten Dosierungsgrenze bleiben und lieber öfter schwach als selten viel düngen. Hat man einmal überdüngt, lässt sich der in diesem Fall schädliche Überschuss durch ein mehrmaliges Tauchbad reduzieren.

Düngestäbchen sichern der Pflanze eine lang anhaltende Nährstoffversorgung.

UMTOPFEN

Topfpflanzen müssen in bestimmten Abständen umgetopft werden, weil die Erde nach einiger Zeit ihre lockere Struktur verliert und mit Ablagerungen aus Gießwasser und Dünger sowie Rückständen aus dem Stoffwechsel der Pflanzen belastet ist. Zimmerpflanzen müssen umgetopft werden, wenn sie deutlich zeigen, dass ihnen der alte Topf zu eng geworden ist. Die Wurzeln wachsen oft im Kreis oder schieben sich oben oder unten aus dem Topf heraus und verdrängen die Erde.

Vor dem Umtopfen die Pflanze in ein Tauchbad stellen.

Zum Umtopfen den Topf umgedreht vorsichtig gegen eine feste Unterlage stoßen.

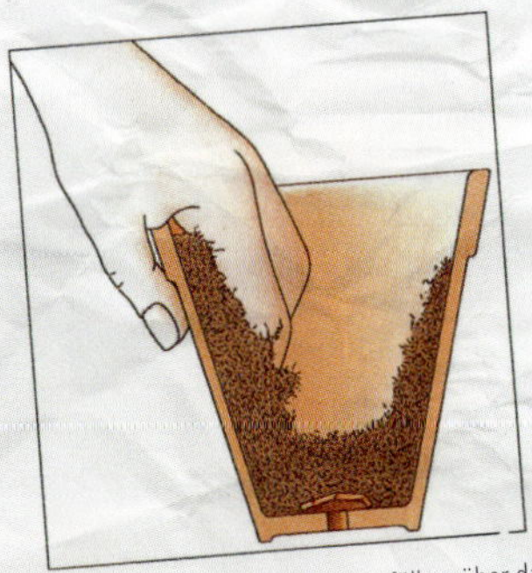

Den neuen Topf mit frischer Erde füllen, über das Abzugsloch eine Tonscherbe legen.

Nach dem Eintopfen die Pflanze gründlich wässern.

Wann umtopfen?

Umgetopft wird immer im Frühjahr, am Ende einer natürlichen Ruhephase, bevor das Wachstum erneut beginnt. Das neue Pflanzgefäß sollte nur so viel größer sein, dass ca. 2 cm rings um den Ballen frische Erde eingefüllt werden kann. Schnell und groß wachsende Pflanzen topft man sogar in dieselbe Topfgröße um, nachdem der Wurzelballen mit einem scharfen Messer passend zurechtgeschnitten wurde, ohne ihn dabei völlig aufzulösen. Bevor das neue Substrat eingefüllt wird, legt man Tonscherben, groben Kies oder ein anderes Drainagematerial auf die Abzugslöcher. Sie werden sonst leicht von den Wurzeln verstopft und das Gießwasser staut sich im Ballen. Über die Drainage füllt man so viel Erde ein, dass der Wurzelballen fingerbreit unter dem Topfrand abschließt und somit ein Gießrand frei bleibt. Die Pflanze soll im neuen Topf genauso hoch stehen wie im alten. Sandige und locker krümelige Substrate werden zusammengerüttelt, in dem man den Topf mehrmals fest aufstößt. Dann gießt man kräftig an, um die Wurzeln einzuschlämmen. Zuletzt wird der Topf an einen schattigen, nicht zu luftigen Platz gestellt, um die Verdunstung möglichst gering zu halten. Die Wurzeln brauchen einige Zeit, um wieder Wasser aus dem Substrat zu ziehen. Deshalb wird erst wieder gegossen, wenn die Pflanzen sichtbar wieder wachsen. Gedüngt wird erst, wenn der auf der Packung angegebene Nährstoffvorrat der frischen Erde aufgebraucht ist.

ÜBERWINTERUNG

Werden die Tage kürzer, bereiten sich viele Zimmerpflanzen auf ihre arteigene Wachstumspause im Winter vor. Sie hören bereits im August oder September auf zu wachsen und lassen ihre diesjährigen Triebe ausreifen, damit sie im folgenden Frühjahr weiter treiben können.

Solange es noch warm ist und die Blätter viel verdunsten, muss weiterhin öfter gegossen werden. Sind die Erdballen ständig feucht genug, wässert man weniger und seltener. Ist der Wuchs verlangsamt und schließlich beendet, muss die Pflanze etwas kühler stehen, denn auf Dauer leidet selbst eine pflegeleichte, gut akklimatisierte Zimmerpflanze, wenn sie monatelang zu warm steht.

Die Überwinterungstemperaturen differieren beträchtlich. Manche Pflanzen fühlen sich nur wohl bei mindestens 18 °C, andere erst, wenn der Überwinterungsraum gerade eben frostfrei ist (siehe Pflanzensteckbriefe ab Seite 52). Alle Topfpflanzen sollten gemächlich in den »Winterschlaf sinken« und ebenso behutsam mit zunehmender Wärme und längerem Tageslicht wieder »geweckt werden«. Die Wasser- und Düngergaben werden also langsam gesteigert.

VERMEHRUNG

Selbst wer nur ganz wenig Aufwand mit seinem »Zimmergarten« betreiben will, wird früher oder später davon fasziniert sein, Pflanzen selbst zu vermehren. Dies ist auf zwei Arten möglich: aus Samen (generativ) oder durch Bewurzelung von Pflanzenteilen (vegetativ). Nachfolgend werden Vermehrungsmethoden beschrieben, die mit wenig Mühe Erfolg versprechen.

Kindel und Ausläufer

Am einfachsten lassen sich Pflanzen vermehren, die sogenannte Kindel entwickeln. Das sind fertig ausgebildete Jungpflanzen an Ausläufern, an deren Trieben, in Blattwinkeln oder an Blattspitzen zum Beispiel bei der Grünlilie *(Chlorphytum comosum)*. Sind die Kindel kräftig genug, trennt man sie dicht am Haupttrieb mit einem scharfen Messer ab und setzt sie in feuchte Anzuchterde ein.

Teilung

Eine weitere einfache Vermehrungsmethode ist die Teilung zum Beispiel bei Zierspargel *(Asparagus)* und Zypergras *(Cyperus)*. Grundsätzlich ist die Teilung nur möglich bei Pflanzen, die sich jährlich durch die Ausbildung neuer Triebe direkt aus dem Wurzelstock oder durch Rhizome seitlich ausbreiten. Im Frühjahr teilt man den Wurzelstock der Mutterpflanze mit einem Messer und kürzt zu lange Wurzeln ein. Dann werden die beiden Pflanzen sofort wieder eingetopft und vorsichtig angegossen.

Viele Zimmerpflanzen lassen sich einfach durch Teilung vermehren.

Stecklinge

Die gebräuchlichste Art der Vermehrung ist die Anzucht aus Stecklingen. Man unterscheidet *Kopfstecklinge* mit 3–8 cm langen Triebspitzen, *Teilstecklinge,* etwa 10 cm lange Teilstücke von Trieben und *Stammstecklinge,* Stammstücke mit jeweils mindestens einer Knospe. Den Stecklingen sollte man im oberen Teil einige Blätter belassen, damit der Stoffwechsel nicht eingestellt wird und das wurzellose Triebstück am Leben bleibt. Das untere Ende des Triebs wird vom Laub befreit. Die Bewurzelung kann in einem Gefäß mit Wasser oder in einem Gemisch aus Sand und Torf oder fertiger Anzuchterde erfolgen. Das Substrat sollte wenig Nährstoffe enthalten und nur mäßig angefeuchtet werden.

Man schneidet einen 10 cm langen Steckling dicht unter der Blattrosette eines Blattknotens ab, die unteren Blätter werden entfernt.

Aussaat

Die Vermehrung aus Samen erfordert allerdings etwas Geduld. Das Saatgut muss frisch sein, auf den Tütchen sollte vermerkt sein, ob es sich um Licht- oder Dunkelkeimer handelt. Als Substrat verwendet man handelsübliche Anzuchterde. Nach der Aussaat wird die Erde angefeuchtet und mit einer Glasscheibe abgedeckt. Täglich muss gelüftet werden, das Substrat darf nie austrocknen, am besten man sprüht vorsichtig mit einem Zerstäuber Wasser auf die Oberfläche, damit die Samen nicht ausgeschwemmt werden. Zeigen sich Keimlinge, stellt man das Saatgefäß an einen hellen, aber nicht sonnigen Platz. Sind die Jungpflanzen kräftig genug, werden sie einzeln in kleine Töpfe, ebenfalls in Anzuchterde gepflanzt.

Das Saatgut wird gleichmäßig auf der Anzuchterde verteilt, anschließend angefeuchtet und mit einer Haube abgedeckt.

PFLANZENSCHUTZ

Pflegeleichte Zimmerpflanzen sind wenig anfällig gegen tierische Schädlinge oder Krankheiten. Kommt es dennoch zum Schädlingsbefall oder zu einer Infektion durch Schadpilze, Viren oder Bakterien, so liegen die Ursachen meist in Pflegefehlern oder an einem ungeeigneten Standort. Schlechte Wachstumsbedingungen fördern nicht nur die Anfälligkeit der Pflanzen, sondern können auch Krankheitssymptome hervorrufen, ohne dass Schaderreger am Werk sind. Die beste Vorbeugung ist, die Ansprüche der Pflanzen zu beachten.

Zur Stärkung der Pflanzen und zur Vorbeugung gegen Wurzelläuse hilft ein Tee aus Rainfarn.

PFLEGEFEHLER

Die meisten Pflanzen gehen nicht zugrunde, weil sie vernachlässigt wurden, sondern weil die Pflanzenfreunde es viel zu gut mit ihnen meinen. Die Pflanzen werden »ertränkt«, »überfüttert« oder man mutet ihnen zu viel Sonne zu. Auch wenn Schädlings- oder Pilzbefall vorliegt, können Kulturfehler die Ursache sein, die zur Schwächung der pflanzeneigenen Abwehr geführt haben. Denn geschwächte Pflanzen sind ein gefundenes Fressen für Schädlinge und idealer Nährboden für Krankheitserreger. Sind die Zimmerpflanzen dagegen durch die richtige Pflege in einem guten Zustand, können sie viele Plagen ohne Blessuren überstehen.

Standort

Licht und Temperatur werden zum großen Teil durch den Standort bestimmt. Stehen Pflanzen am falschen Platz, erhalten sonnenhungrige Arten zu wenig Licht, wärmebedürftige stehen zu kalt und umgekehrt. Auch stark schwankende Temperaturen setzen den Pflanzen zu. Nicht nur die richtige Luft-, sondern auch Bodentemperatur ist wichtig, denn »kalte Füße« machen die Pflanzen ebenfalls krank. Die Qualität der Raumluft spielt ebenso eine große Rolle, trockene Heizungsluft schadet den Pflanzen. Stehen sie zu dicht beieinander, kann die Luft zwischen ihnen nicht gut zirkulieren. Auf Zugluft reagieren viele Pflanzen empfindlich.

Wasserzufuhr

Zu viel, zu kaltes oder zu hartes Wasser hat schon so manche Pflanze umgebracht. Wenn dann auch noch das Abzugsloch verstopft ist, bildet sich gefährliche Staunässe im Topf. Die Folge ist Wurzelfäule. Wassertropfen auf den Blättern vertragen einige Pflanzen gar nicht, zumal nasse Blätter anfällig für Pilzbefall sind.

Nährstoffzufuhr

Zu viele oder zu wenige Nährstoffe sind gleichermaßen schädlich. Auch auf die richtige Zusammensetzung des Düngers kommt es an, zu hoher Stickstoffgehalt macht das Gewebe weich und schwammig. Die meisten Pflanzen müssen nicht ganzjährig mit Nährstoffen versorgt werden. Wird mehr gedüngt als nötig, kann es zu Krankheiten und Schädlingsbefall kommen. Für bestimmte Pflanzen müssen Spezialdünger verwendet werden.

Ruhezeiten

Viele Zimmerpflanzen brauchen, entsprechend den Jahreszeiten an ihrem natürlichen Standort, eine Ruhepause, in der sie bei uns an einem kühlen Ort stehen, wenig gegossen und kaum gedüngt werden. Ermöglicht man den Pflanzen diese Phase im jährlichen Vegetationsrhythmus nicht, werden sie schwach und anfällig für Krankheiten.

Sauberkeit

Verwelkte Blätter und Blüten sind Tummelplätze für Krankheitserreger. Deshalb sind alle abgestorbenen Pflanzenteile regelmäßig zu entfernen. Scheren und Messer, die mit kranken Pflanzenteilen in Berührung gekommen sind, übertragen Krankheiten und müssen sofort desinfiziert werden. Alte Töpfe reinigt man vor dem Gebrauch gründlich mit Seifenwasser.

Kontrolle

Werden Schädlinge oder Pilzbefall frühzeitig entdeckt, lässt sich die Pflanze in vielen Fällen retten. Einmal pro Woche sollte der grüne Zimmerschmuck sorgfältig untersucht werden, vor allem die Blattunterseiten. Veränderungen im Wuchs und Austrieb können auf Schäden hinweisen. Kranke Pflanzen müssen sofort isoliert werden. Auch die überwinternden Pflanzen dürfen nicht vergessen werden.

SCHÄDLINGE UND PILZKRANKHEITEN

Bereits geschwächte Pflanzen sind besonders anfällig für Schadpilze. Nachfolgend werden die häufigsten und wichtigsten Schädlinge und Krankheiten der im Porträtteil vorgestellten Pflanzen mit entsprechenden Bekämpfungsmaßnahmen angeführt.

Blattläuse

Sie kommen durch das offene Fenster geflogen und vermehren sich sehr schnell. Ihre Aktivitäten können zu Nährstoffmangel und Virusinfektionen führen. Außerdem hinterlassen sie Giftstoffe auf den Pflanzen, die Blätter überziehen sich mit klebrigem Honigtau. Darauf bilden sich schwarze Rußtaupilze, die Atmung und Photosynthese erschweren. Abhilfe schafft eine Sprühlösung von 7,5 g ungebleichter Schmierseife in 1 l Wasser aufgelöst.

Blattläuse

Schildläuse

Schildläuse

Sie sind schwieriger als Blattläuse zu bekämpfen, da sie sich unter einem wachsartig verstärkten Panzer verbergen. Man muss diesen mit einer alten Zahnbürste entfernen oder mit speziellen, im Fachhandel erhältlichen Mitteln behandeln. Niedrige Temperaturen während der pflanzlichen Ruhephase im Winter beugen dem Befall vor.

Woll- oder Schmierläuse

Sie zählen auch zu den Schildläusen, bleiben aber immer beweglich und produzieren keine festen Schilde. Ihre wachsartigen Ausscheidungen bilden weißliche, wollige Flocken, unter denen sich die Tiere oft verbergen. Sie sitzen bevorzugt in größeren Kolonien am Wurzelhals und an den Blattunterseiten. Mit Spiritus-Seifenlösung besprühen und nach 1–2 Tagen mit einem kräftigen Wasserstrahl abduschen.

Spinnmilben

Die schädlichsten Parasiten an Topfpflanzen sitzen hinter silbern schimmernden Spinnweben unter den Blättern. Die Oberseiten der Blätter sind von hellen Punkten an den Einstichstellen übersät, bevor sie verblassen und eintrocknen. Abhilfe schafft eine Sprühlösung aus 7,5 g ungebleichter Schmierseife und 4 EL Petroleum in 1 l Wasser gelöst.

Thripse

Thripse

Bei ihnen (auch Blasenfüße genannt) handelt es sich um gelbe oder schwarze, 1 mm lange, geflügelte Insekten. Ein Befall ist daran zu erkennen, dass sich die leergesogenen Pflanzenstellen silbrig aufhellen. Etwas kühlere Luft verdirbt den Thripsen ihren Appetit. Abhilfe schafft auch ein zum Verdampfen auf die Heizung gestelltes Schälchen Naphthalin (bis zu 16 Stunden bei 24 °C).

Echter Mehltau

Echter Mehltau

Der Echte Mehltau ist an dem weißen, mehligen Belag, der sich auf den Blättern ausbreitet, zu erkennen. Zur Abhilfe stellt man die Pflanzen heller und luftiger und sorgt für eine gleichmäßige Luftfeuchtigkeit und Temperatur. Die befallenen Teile werden entfernt.

Falscher Mehltau

Er zeigt sich als grauweißer, mehliger Belag auf der Unterseite der Blätter, die oben glänzend braune Punkte bekommen. Als erste Maßnahme reduziert man die Luftfeuchtigkeit und Bodenfeuchte und sorgt für eine gleichmäßige Temperatur. Bei starkem Befall muss ein Fungizid eingesetzt werden oder man schneidet die betroffenen Pflanzenteile rigoros ab und entsorgt sie im Restmüll.

Grauschimmel

Er befällt bevorzugt bereits geschädigtes Pflanzengewebe. Der Pilz lebt sowohl auf den Pflanzen als auch in der Erde. Begünstigt wird seine Ausbreitung durch einen kalt-feuchten Standort und Lichtmangel. Zur Vorbeugung entfernt man abgestorbene und welke Pflanzenteile. Eine luftige Umgebung und weniger Stickstoffdüngung wirken dem Befall entgegen; Abhilfe wie beim Falschen Mehltau.

Grauschimmel

Tipp

Mit Duftduschen und aromatischen Mitteln zur Wurzelpflege wird die Widerstandskraft der Pflanzen gestärkt. Auch in der Natur unterstützen sich Pflanzen gegenseitig mit ihren Düften.

ERSTE HILFE

Selbst optimale Pflege bietet den Zimmerpflanzen keinen absoluten Schutz vor Schädlingen oder Schadpilzen. Es gibt jedoch eine Reihe von Möglichkeiten, kranken Pflanzen zu helfen. Haben sich erst wenige Schädlinge eingenistet oder erkennt man eine Krankheit in einem frühen Stadium, bieten mechanische Methoden und sanfte Mittel recht gute Aussichten auf Erfolg. Erste Wahl sind Hausmittel, die häufig ihren Zweck erfüllen: Schmierseife, Spiritus oder Kräuterjauchen und -brühen. Wenn diese versagen, bleibt dem ratlosen Zimmergärtner als letztes Mittel der Griff zu einem chemischen Präparat. Hierbei sollten grundsätzlich keine giftigen Mittel verwendet werden. Auch ungiftige Präparate sind mit äußerster Vorsicht anzuwenden, deshalb genau an die Herstellerangaben halten und nur im Freien spritzen!

Spiritus-Seifenlösung

20 g Schmierseife in 1 l heißem Wasser auflösen, abkühlen lassen und 20 ml Spiritus zugeben. Die Gespinste bzw. Schilde der Läuse mehrmals mit der Lösung einpinseln.

Schachtelhalm-Brühe

300 g frisches Kraut 24 Stunden in 3 l kaltem Wasser ziehen lassen, aufkochen und 30 Minuten sieden lassen. Erkaltete Brühe durch ein Sieb gießen, im Verhältnis 1:5 mit Wasser verdünnen. Einmal pro Woche sprühen.

Brennnessel-Kaltwasser-Auszug

500 g frische, noch nicht blühende Brennnesseln 12–24 Stunden in 5 l Wasser ziehen lassen, durch ein Sieb gießen. Mehrmals unverdünnt spritzen.

LUFTREINIGENDE PFLANZEN

IM PORTRÄT

Auf den folgenden Seiten werden die 50 besten luftreinigenden Pflanzen vorgestellt. Die Pflanzenparade ist unterteilt in Blütenpflanzen, Blattpflanzen, Palmen, Kakteen und Sukkulenten. Grundsätzlich wirken alle Arten durch die Erhöhung der Luftfeuchtigkeit und Sauerstoffkonzentration luftreinigend. Darüber hinaus haben 37 Arten eine mittlere, hohe oder sehr hohe Entgiftungskapazität für: Formaldehyd (F), Ammoniak (A), Benzol (B), Kohlendioxid (K), Trichlorethylen (TR), Toluol (T) und Xylol (X).

SCHÖNMALVE

Abutilon

Die im Handel erhältlichen *Abutilon*-Hybriden sind aus Kreuzungen verschiedener Arten hervorgegangen. Kennzeichen der bis zu 3 m hohen und breiten Hybriden sind die Glockenblüten in Weiß, Gelb, Rosa oder Rot. *A. megapotamicum* blüht von Frühjahr bis Spätsommer und eignet sich wegen seiner dünnen, überhängenden Triebe besonders als Ampelpflanze. Die Sorte ›Variegata‹ zeigt ein auffälliges Farbenspiel zwischen zitronengelben Blüten, tiefroten Kelchblättern und violetten Staubfäden. Von *A. pictum* wird meist die Sorte ›Tompsonii‹ mit gelb gefleckten Blättern und lachsfarbenen Blüten angeboten. Sehr attraktiv sind auf *A. pictum* veredelte Hochstämmchen von *A. megapotamicum*.

STANDORT
Hell und halbschattig; im Sommer geschützt auch im Freien; im Winter bei 10–12 °C; Zugluft vermeiden.

PFLEGE
Im Sommer reichlich gießen, jedoch Staunässe vermeiden, im Winter Gießen reduzieren; im Sommer alle 14 Tage düngen.

VERMEHRUNG
Im Frühjahr durch Kopfstecklinge bei 20–22 °C Bodenwärme; von Hybriden gibt es auch Samen.

SCHÄDLINGE, KRANKHEITEN
Blattläuse, Spinnmilben, Schildläuse; Blatt- und Blütenfall bei Zugluft und Standortwechsel.

VERWENDUNG
Attraktive Kübelpflanze für einen hellen Standort.

ZIERANANAS

Ananas

Von dieser Bromelie sind für den Zimmergärtner vor allem die Sorten *A. comosus* ›Variegatus‹ mit weiß gestreiften Blättern und ›Aureovariegatus‹, mit stark gezähnten, bis 1 m langen, rötlich überhauchten Blättern interessant. Für das Fensterbrett eignet sich *A. nanus* mit 20–30 cm großen Blattrosetten und *A. bracteatus* mit gelben Blatträndern und kräftig roten Hochblättern. Nach der Blüte sterben die Blattrosetten ab. Vorsicht vor den scharfen, spitzen Blatträndern!

STANDORT

Sehr hell, aber ohne direkte Mittagssonne; ganzjährig warm; viel Frischluft.

PFLEGE

Im Sommer reichlich mit kalkarmem Wasser gießen, im Winter reduzieren; im Sommer wöchentlich schwach düngen; im Winter beides stark einschränken.

VERMEHRUNG

Durch Kindel, die halb so groß wie die Mutterpflanze sein sollten oder durch abgeschnittene Blattschöpfe, die man in sandiger Aussaaterde bei hoher Luftfeuchtigkeit und hoher Bodenwärme bewurzeln lässt.

SCHÄDLINGE, KRANKHEITEN:

Manchmal Schild- und Wurzelläuse.

VERWENDUNG

Eine attraktive Zimmerpflanze für einen warmen Standort, die viel Platz braucht.

FLAMINGOBLUME

Anthurium-Hybriden

Die Flamingoblume fällt vor allem wegen ihrer roten, weißen oder gefleckten, kräuseligen Hochblätter auf, die einen weißen, gelblichen oder orangeroten Blütenkolben umgeben. Bei der Großen Flamingoblume (*A. Andraeanum*-Hybriden) ist der Kolben meist gerade und gelb, bei der Kleinen Flamingoblume (*A. Scherzerianum*-Hybriden) gebogen und orangerot.

STANDORT

Hell bis halbschattig, nie sonnig; warm, bei winterlicher Ruhezeit 15–18 °C. Liebt Bodenwärme, vor Zugluft schützen.

PFLEGE

Mit kalkfreiem, temperiertem Wasser gleichmäßig feucht halten, öfter übersprühen, im Winter das Gießen einschränken; alle 2 Wochen düngen. Alle 2–3 Jahre im Frühjahr umtopfen.

VERMEHRUNG

Durch Teilung älterer Exemplare, Kopf- oder Stammstecklinge.

SCHÄDLINGE, KRANKHEITEN

Schild- und Blattläuse. Bei zu kühler Haltung können Wurzelfäule oder Grauschimmel auftreten.

VERWENDUNG

Dekorative Zimmerpflanze, die sich gut mit Fensterblatt und Baumfreund kombinieren lässt. Für Hydrokultur geeignet.

BLÜTENBEGONIE

Begonia Eliator-Hybriden

Begonien stellen bei den Zimmerpflanzen eine eigene große Gruppe mit unterschiedlichsten Eigenschaften dar. Manche Formen bilden zahlreiche Blüten in leuchtenden Farben, andere bestechen durch ein buntes, interessant geformtes Blattwerk. Die bis 40 cm hohen, kompakten Blütenbegonien zeichnen sich durch zahlreiche große, runde, gefüllte oder ungefüllte Blüten in Weiß, Gelb, Orange oder Rot aus, die von zartgrünen, runden Blättern umrahmt werden. Im Handel werden das ganze Jahr über blühende Pflanzen angeboten.

STANDORT

Hell bis halbschattig, keine pralle Mittagssonne, warm; im Winter nicht unter 20 °C; im Sommer auch auf dem Balkon.

PFLEGE

Mäßig wässern, nur auf die Erde gießen, nicht auf die Blätter, überschüssiges Gießwasser aus dem Übertopf entfernen; während der Blüte mäßig, ansonsten nur schwach düngen.

VERMEHRUNG

Im Frühjahr durch Kopf- oder Blattstecklinge.

SCHÄDLINGE, KRANKHEITEN

Wurzelälchen; Mehltau und Wurzelfäule durch zu nasse oder zu kalte Haltung.

VERWENDUNG

Attraktive Blütenpflanze für helle, warme Räume, wirkt schön in einem Übertopf in der jeweiligen Blütenfarbe.

CHRYSANTHEME

Chrysanthemum-Hybriden

Chrysanthemum-Hybriden sind mehrjährige Zimmerpflanzen, die aber oft nur einjährig gehalten und dann weggeworfen werden. Die am häufigsten in Wohnungen gepflegten *C.Indicum-Hybriden* sind buschig wachsende, reich blühende Pflanzen mit 30–40 cm langen, schwach verholzten Trieben. Die Blätter sind dunkelgrün, die endständigen Blütendolden bilden sich aus einem einfachen, dichten Kranz aus weißen Zungenblüten.

STANDORT

Hell, jedoch kein direktes Sonnenlicht und kühl, im Sommer auch im Freien; im Winter bei 6–16 °C, etwa im Treppenhaus.

PFLEGE

Reichlich gießen, den Topfballen ständig feucht halten, aber Staunässe vermeiden; vor der Blüte regelmäßig düngen, nach der Blüte Nährstoffversorgung stark reduzieren

VERMEHRUNG

Durch Stecklinge oder Teilung.

SCHÄDLINGE, KRANKHEITEN

Spinnmilben, Blattfleckenkrankheit.

VERWENDUNG

Reich und lang blühende Pflanze, gut geeignet für einen Platz an Nordfenstern.

ALPENVEILCHEN

Cyclamen persicum

Alpenveilchen zählen zu den Lieblingen der Züchter, kein Wunder, dass es so viele Varianten gibt. Die Knollenpflanzen haben große, herzförmige, dunkelgrüne Blätter mit heller Zeichnung. Die großen Blüten (August–April) sitzen wie die Blätter auf langen, runden, rötlichen Stielen. Die Farben reichen von reinem Weiß über alle Rosatöne bis hin zu leuchtendem Rot und Violett. Den Zimmerpflanzenliebhaber begeistern vor allem auch die den Wildformen ähnlichen »Minicyclamen«.

STANDORT
Hell, aber keine direkte Sonne; ganzjährig kühl, jedoch nicht unter 10 °C. Minicyclamen vertragen geheizte Räume etwas besser.

PFLEGE
Mit zimmerwarmem, kalkarmen Wasser gleichmäßig feucht halten, auch besprühen; nicht auf die Knolle, sondern über den Untersetzer gießen, Vernässung führt zur Fäulnis; wöchentlich düngen; alte Blüten und Blätter regelmäßig durch leichtes Drehen abtrennen; alle zwei Jahre in Blumenerde umtopfen, Knolle dabei nicht vollständig bedecken.

VERMEHRUNG
Durch Aussaat bei 16–20 °C Bodenwärme, Keimdauer etwa 4 Wochen.

SCHÄDLINGE, KRANKHEITEN
Spinnmilben bei trockener Wärme; Grauschimmel bei feuchter Wärme.

VERWENDUNG
Beliebte Blütenpflanze für kühle Räume, wirkt sehr schön, wenn man verschiedene Blütenfarben kombiniert.

DENDROBIE

Dendrobium nobile-Hybriden

Die üppig blühende, 30–60 cm hohe Dendrobrie ist hierzulande als Traubenorchidee bekannt, da die weißen, gelben, rosa-, orangefarbenen, roten und violetten Blüten wie Trauben an den Trieben hängen. Es gibt auch braune und grüne oder mehrfarbige Züchtungen mit exotischen Blütenformen.

STANDORT

Hell, pralle Mittagssonne vermeiden; tagsüber von Mai bis Oktober bei 20 °C, im November und März bei 18 °C, von Dezember bis Februar bei 15 °C aufstellen, nachts Temperaturen um 5–8 °C absenken.

PFLEGE

Mäßig feucht bis leicht trocken halten, Staunässe vermeiden, Wasser im Untersetzer abgießen; schwach aber regelmäßig mit Orchideen-Dünger versorgen.

VERMEHRUNG

Durch Teilung oder Kindel.

SCHÄDLINGE, KRANKHEITEN

Schild-, Woll- und Schmierläuse.

VERWENDUNG

Aparte Orchidee für nicht zu warme Räume, ideal auch im Bad.

WEIHNACHTSSTERN

Euphorbia pulcherrima

Beim Weihnachtsstern wirken nicht die unauffälligen kleinen Blüten (November–März), sondern die sie umgebenden rot, rosa, apricot und creme bis weiß gefärbten Hochblätter. Schöne Sorten sind ›Eckespoint Pink‹ und ›Eckespoint Red‹. Es gibt auch zweifarbige Sorten wie ›Jingle Bells‹. Die Palette der Wuchsformen reicht von ein- oder mehrtriebigen Topfpflanzen über buschige Ampelpflanzen bis hin zu bezaubernden Hochstämmchen oder zierlichen »Minis«. Weihnachtssterne sind Kurztagespflanzen, sie bilden nur Blüten und farbige Hochblätter aus, wenn sie im Herbst zwei Monate lang nicht mehr als 10 Stunden Licht bekommen. Die Weiterkultur ist deshalb aufwändig und lohnt sich nicht.

Date

STANDORT

Hell, keine direkte Sonne; ganzjährig 18–22 °C.

PFLEGE

Bis auf die kurze Ruhezeit nach der Blüte reichlich mit zimmerwarmem Wasser gießen, auch Übersprühen ist günstig; wöchentlich düngen.

VERMEHRUNG

Durch Kopfstecklinge im Sommer.

SCHÄDLINGE, KRANKHEITEN

Schildläuse und Spinnmilben bei Lufttrockenheit; Grauschimmel bei zu feuchter, kühler Haltung.

VERWENDUNG

Mit Tannengrün kombiniert ein beliebter Weihnachtsschmuck für helle Räume.

GERBERA

Gerbera

Im Sommer ist Gerbera überwiegend als Schnittblume bekannt. Als Zimmerpflanze erfreut sie ganzjährig mit Blüten in allen Regenbogenfarben. Die krautige Pflanze umfasst circa 40 verschiedene Arten. Ihre Stiele und Blätter sind meist mit feinen Härchen bedeckt und verleihen der Pflanze eine samtweiche Oberfläche. Da die meisten Arten Hybriden sind, existiert eine Vielzahl verschiedener Blütenkörbe, die sich in Größe, Anordnung und Farbe unterscheiden.

STANDORT

Sonnig, jedoch keine pralle Mittagssonne direkt am Fenster; nicht zu warm, keine stehende Luft; im Winter bei 8–12 °C.

PFLEGE

Im Sommer gleichmäßig feucht halten, öfter sprühen, Staunässe unbedingt vermeiden. Während der Ruheperiode nur alle 2 Wochen reduziert gießen; Mai–September einmal pro Woche in dünner Konzentration mit Flüssigdünger versorgen

VERMEHRUNG

Durch Samen, Stecklinge oder Teilung.

SCHÄDLINGE, KRANKHEITEN

Blattläuse und Weiße Fliegen; Gerbera-Fäule und Grauschimmel.

VERWENDUNG

Herrliche Blütenpflanze für Töpfe und Schalen.

HIBISKUS

Hibiscus rosa-sinensis

Der Hibiskus ist beispielhaft für eine erfolgreiche Züchterarbeit. Ursprünglich rein rosa, rot oder ungefüllt blühend, entstand im Laufe der Zeit eine Vielzahl von Sorten, die ihn zu einer der attraktivsten Zimmerpflanzen werden ließ. Die bis zu 15 cm großen Trichterblüten (März–Oktober) mit den weit herausragenden Staubgefäßen zeigen sich heute in allen Rosa-, Rot-, Gelb- oder Orangetönen, auch zweifarbig, gefüllt oder ungefüllt. Jede Blüte hält nur einen Tag, doch es öffnet sich bereitwillig eine Knospe nach der anderen.

STANDORT

Im Sommer hell und sonnig, jedoch keine direkte Sonne hinter der Fensterscheibe; im Winter ist eine Ruhezeit an einem hellen Platz bei 14–16 °C günstig.

PFLEGE

Im Sommer so reichlich gießen, dass das Substrat immer feucht ist, im Winter weniger gießen, in geheizten Räumen für indirekte Luftfeuchtigkeit sorgen; bis Mitte August wöchentlich, im Winter nur bei warmem Stand monatlich düngen.

VERMEHRUNG

Im Mai durch Kopfstecklinge bei 22–25 °C im geheizten Vermehrungsbeet.

SCHÄDLINGE

Spinnmilben, Blattläuse.

VERWENDUNG

Sehr schön als Kübelpflanze für den Wintergarten.

AMARYLLIS

Hippeastrum-Hybriden

Die Amaryllis oder der Ritterstern ist eine Zwiebelpflanze, von der heute fast nur noch Zuchtformen im Handel sind. Nach dem Antreiben im Winter schiebt sich ein bis 80 cm hoher, hohler Blütenschaft (auch zwei oder drei Schäfte sind möglich, Oktober–April) hervor, an dessen Ende 3–4 große Trichterblüten sitzen. Die Blütenfarben reichen von Weiß über Rosa und Rottönen bis zu mehrfarbigen Kelchen mit Streifenmustern oder getöntem Schlund. Es gibt auch zierlichere Arten, die auf Rückkreuzungen von großblumigen Hybriden mit Wildarten basieren.

STANDORT

Während der Blüte hell, bei etwa 18 °C, den Sommer über auch sonnig im Freien.

PFLEGE

Zwischen November und Februar die Zwiebel in einem großen Topf mit Blumenerde bei über 20 °C antreiben, sie muss zur Hälfte aus dem Substrat herausragen; anfangs wenig gießen, ab Austriebsbeginn Wassergaben langsam steigern. Nach der Blüte den Schaft an der Basis abschneiden; bis Mitte August regelmäßig gießen und alle 14 Tage düngen.

VERMEHRUNG

Durch Brutzwiebeln, die nach 2–3 Jahren blühfähig sind.

SCHÄDLINGE

Weichhautmilben, Thripse, Roter Brenner.

VERWENDUNG

Vor allem im Winter ein herrlicher Blickfang für die Wohnung.

FLAMMENDES KÄTHCHEN

Kalanchoe blossfeldiana

Die Gattung *Kalanchoe* bietet für den Pflanzenfreund ein arten- und formenreiches Programm, das aus aufrechten oder kriechenden Stauden, Halbsträuchern oder Sträuchern mit sukkulenten Blättern besteht. *K. blossfeldiana* ist eine bis 30 cm hohe, ganzjährig reich blühende Pflanze mit dicht stehenden Blättern und Blütendolden, je nach Sorte in Rot, Orange, Gelb oder Weiß.

F K

STANDORT

Sehr hell, auch sonnig, aber keine pralle Mittagssonne, warm; ab Oktober kühler, aber nicht unter 15 °C.

PFLEGE

Nur gießen, wenn die Substratoberfläche trocken ist. Während der Blütezeit alle 2–3 Wochen mit dem Gießwasser Blühpflanzendünger zugeben.

VERMEHRUNG

Durch Kopf- oder Blattstecklinge.

SCHÄDLINGE, KRANKHEITEN

Blattläuse; Grauschimmel bei zu kühler, feuchter Haltung.

VERWENDUNG

Aparte Blütenpflanze, die sich vielfältig auch zur Tisch- oder Fensterdekoration einsetzen lässt.

PHALAENOPSIS

Phalaenopsis-Hybriden

Für den Zimmergärtner ist die *Phalaenopsis* die Orchidee schlechthin, durch Kreuzungen verschiedener Arten wurden zahlreiche Hybriden mit geringen Pflegeansprüchen entwickelt. Sie blühen unermüdlich, oft sogar zwei- oder dreimal im Jahr. Da die Blüten recht lange halten, kann ein Flor in den nächsten übergehen. Die Blütenfarben variieren von Weiß über Rosa und Rot bis Violett, Gelb und Orange.

F T

STANDORT

Hell bis halbschattig, keine direkte Sonne; ganzjährig Zimmertemperatur, im Herbst und Winter fördert eine Temperaturabsenkung auf 16 °C die Blütenbildung.

PFLEGE

In der Wachstumszeit gleichmäßig mit enthärtetem, zimmerwarmem Wasser feucht halten, morgens und abends reichlich sprühen; im Winter und nach der Blüte nur sparsam gießen, Erde immer wieder abtrocknen lassen; in der Wachstumszeit alle 14 Tage düngen.

VERMEHREN

Durch Kindel und Ausläufer.

SCHÄDLINGE, KRANKHEITEN

Schild- und Wollläuse; Wurzelschäden durch zu nasse oder zu trockene Haltung.

VERWENDUNG

Sehr schöne Anfängerorchidee, die sich in allen Wohnräumen, aber auch im Bad dekorativ einsetzen lässt.

ZIMMER-AZALEE

Rhododendron simsii

Zu den schönsten winterblühenden Topfpflanzen zählen die Azaleen. Die Stammform der Zimmer-Azalee ist *R. simsii* mit ihren zahlreichen Hybriden. Das Angebot der Sorten ist grenzenlos und jeder findet eine Blütenfarbe oder Wuchsform, die ihm gefällt. Es gibt Hochstämmchen in allen Größen und buschige, gedrungene Exemplare. Die gefüllten oder ungefüllten Blüten (November–Mai) präsentieren sich in Weiß, Rosa, Rot, Lila oder auch zweifarbig. Die kleinen Blätter sind dunkelgrün, glänzend und ledrig.

STANDORT
Hell bis halbschattig, kühl, feucht und luftig; von Ende Mai bis Frostbeginn Aufenthalt im Freien möglich; nach dem Einräumen möglichst kühl bei 10–15 °C, nicht über 18 °C.

PFLEGE
Während der Blüte und bis zum Spätsommer mit enthärtetem, zimmerwarmem Wasser stets gut feucht, aber nie nass halten, ab Spätsommer bis zur Blüte Gießen etwas einschränken; von Frühjahr bis Spätsommer wöchentlich mit speziellem Azaleendünger versorgen.

VERMEHRUNG
Im Frühjahr durch Kopfstecklinge bei 25 °C Bodenwärme im Vermehrungsbeet; nicht ganz einfach.

SCHÄDLINGE, KRANKHEITEN
Spinnmilben und Azaleenmotte

VERWENDUNG
Wunderschöner Winterblüher und Blickfang für kühle Räume, auch im Treppenhaus oder Eingangsbereich.

EINBLATT

Spathiphyllum

Tropische Blütenpflanze mit langgestielten, speerförmigen, glänzend grünen Blättern. Der Blütenstand, ein weißer bis gelblicher Kolben, ragt weit über die Blätter hinaus und ist von einem großen, weißen Hüllblatt umgeben. Blüten erscheinen März–September, auch ganzjährig. Im Handel werden fast nur Hybriden angeboten. Schöne Sorten sind ›Cleveland‹, ›McCoy‹ oder ›Mauna Loa‹.

STANDORT

Ganzjährig halbschattig bis schattig und luftfeucht.

PFLEGE

Im Sommer mäßig feucht halten und gelegentlich mit zimmerwarmem, weichem Wasser übersprühen. Im Winter etwas weniger gießen. Von Frühjahr bis Herbst alle zwei Wochen schwach düngen. Wenn nötig im Frühjahr umtopfen.

VERMEHRUNG

Durch Teilung beim Umtopfen.

SCHÄDLINGE

Blattläuse und Spinnmilben.

VERWENDUNG

Elegante Pflanze vor allem für Konsolen; sehr gut für Hydrokultur geeignet.

KOLBENFADEN

Aglaonema commutatum

Die strauchige, etwa 50 cm hohe Pflanze fällt durch ihre sehr hübsch gezeichneten oder gefleckten Blätter auf. Aus den von einem Hochblatt umschlossenen typischen Aronstabblüten können sich nach erfolgter Blüte kleine orangerote oder rote Früchte entwickeln. Die Sorten ›Silver King‹ und ›Silver Queen‹ haben unterschiedlich gefärbte, weißbunte oder silbrig schimmernde Blätter.

STANDORT

Buntblättrige Sorten sehr hell, aber nicht sonnig, andere Sorten halbschattig; ganzjährig bei Zimmertemperatur, auch im Winter nicht unter 18 °C.

PFLEGE

Mit kalkarmem, temperiertem Wasser gleichmäßig feucht halten; alle 14 Tage schwach dosiert düngen; im Winter nicht düngen. Pflanze verträgt keine trockene Zimmerluft, am besten auf ein feuchtes Kiesbett stellen.

VERMEHRUNG

Durch Kopfstecklinge im warmen Anzuchtbeet oder durch Teilung.

SCHÄDLINGE, KRANKHEITEN

Spinnmilben, Woll-, Schild- und Blattläuse bei zu trockener Luft im Winter; Wurzelfäule bei Staunässe.

VERWENDUNG

Dekorative Blattpflanze, die sich auch ausgezeichnet für die Hydrokultur eignet.

ZIERSPARGEL

Asparagus densiflorus

Die strauchartig wachsende Pflanze mit aufrechten und kletternden oder verzweigten Stängeln und nadelförmigen Scheinblättern ist bei uns mit mehreren Arten und Sorten vertreten. Sie unterscheiden sich zum Teil deutlich von dem bekannten, auch als Schnittgrün in der Floristik viel verwendeten *A. densiflorus* ›Sprengeri‹. Diese altbekannte Art hat nur geringe Standortansprüche, ist nahezu unverwüstlich und ideal geeignet als »Einsteigerpflanze«.

STANDORT

Hell bis leicht beschattet, im Sommer auch im Freien; im Winter hell, etwas kühler stellen; A. DENSIFLORUS ›Sprengeri‹ verträgt auch volle Sonne und kann im Zimmer überwintern.

PFLEGE

Stets mäßig feucht halten, nicht austrocknen lassen, im Winter bestimmt die Temperatur den Gießrhythmus; von Frühjahr bis Herbst wöchentlich, im Winter monatlich düngen.

VERMEHRUNG

Durch Teilung des Ballens im Frühjahr oder Aussaat.

SCHÄDLINGE, KRANKHEITEN

Bei zu trockener Überwinterung Spinnmilben; Pflanzenschutzmittel werden oft schlecht vertragen.

VERWENDUNG

Duftige Grünpflanze für helle, warme Räume. Hübsch in Kombination mit roten Blütenpflanzen.

GRÜNLILIE

Chlorophytum comosum

Das Liliengewächs zählt zu den pflegeleichtesten Topfpflanzen überhaupt. Charakteristisch sind die oft meterlang herabhängenden, harten, gelben Triebe, an deren Spitze sich zahlreiche Jungpflanzen (Kindel) entwickeln. Durch diese fortwährende Produktion der Nachkommenschaft kann die Grünlilie im Laufe der Jahre beträchtliche Ausmaße annehmen. Die weißen, unauffälligen Blütchen erscheinen in großer Zahl. Neben der rein grünen Art *C. comosum*, die eher selten angeboten wird, gibt es einige Sorten mit grüner Mitte und gelbweißem oder gelbem Mittelstreifen und grünem Rand.

STANDORT

Hell bis halbschattig, im Sommer auch im Freien; im Winter werden Zimmerwärme und trockene Luft ebenso vertragen wie niedrige Temperaturen.

PFLEGE

Stets gut feucht (nicht nass!) halten, bei warmem Stand im Winter gelegentlich besprühen; von Frühjahr bis Herbst wöchentlich düngen.

VERMEHRUNG

Durch Abtrennen und Einpflanzen der reichlich vorhandenen Kindel.

SCHÄDLINGE, KRANKHEITEN

Blattläuse, Schmierläuse; braune Blattränder durch zu nasse oder zu trockene Wurzelballen.

VERWENDUNG

Schöne Grünpflanze für Säulen oder Ampeln.

KLIMME

Cissus

Von den rankenden, immergrünen Blattpflanzen sind besonders pflegeleicht: *C. antarctica,* der Russische- oder Känguruwein aus Australien mit gesägten, eiförmigen, glänzend grünen Blättern, *C. rhombifolia,* die Raublättrige- oder Königsklimme aus dem tropischen Amerika mit dreigeteilten, langstieligen, unterseits behaarten Blättern und *C. striata,* die Gestreifte Klimme aus Chile und Brasilien mit kleinen, ledrigen Blättern.

STANDORT

Hell bis halbschattig, keine volle Sonne, warm; im Winter etwas kühler stellen, aber nicht unter 12 °C.

PFLEGE

Stets mäßig feucht halten, im Winter Feuchtigkeitszufuhr der Temperatur anpassen; von Frühjahr bis August wöchentlich düngen.

VERMEHRUNG

Im Frühjahr durch Kopf- und Triebstecklinge im warmen Anzuchtbeet.

SCHÄDLINGE, KRANKHEITEN

Schildläuse, Spinnmilben; Blattfall bei Trockenheit oder Staunässe.

VERWENDUNG

Wirkt schön in einer Ampel oder mit Spalier entlang von Regalen.

WUNDERSTRAUCH

Codiaeum variegatum

Der Wunderstrauch (oder Kroton) ist eine attraktive Blattpflanze mit schmalen oder breiten, ganzrandigen oder gelappten, manchmal auch gedrehten Blättern. Die Farbpalette des ledrigen, glänzenden Laubs reicht von Gelb über Grün und Orange bis Purpur. Es gibt auch Sorten mit farbig gefleckten, geaderten, gesprenkelten oder gestreiften Blättern.

STANDORT

Hell, aber keine direkte Sonne, warm und luftfeucht, Zugluft vermeiden; im Winter etwas kühler stellen (16–18 °C).

PFLEGE

Während des Wachstums gleichmäßig feucht halten und viel sprühen, im Winter weniger gießen; wöchentlich schwach düngen.

VERMEHRUNG

Durch Kopfstecklinge.

SCHÄDLINGE, KRANKHEITEN

Spinnmilben, Blatt- und Schmierläuse.

VERWENDUNG

Wunderschöne Blattpflanze für helle, warme Räume; gut für Hydrokultur geeignet.

BUNTNESSEL

Coleus-Blumei-Hybriden

Die Kulturformen der buschigen, 30–60 cm hohen Blattpflanze mit ihren in den verschiedensten Varianten gezeichneten Blättern werden im breiten Spektrum ihrer Farben von keiner anderen Topfpflanze übertroffen. Die nesselartigen, bläulichen Blütenstände sind dagegen eher unscheinbar.

STANDORT

Ganzjährig vollsonnig, damit die Blätter nicht vergrünen, nur mittags bei praller Sonne etwas schattieren; im Winter kühler (etwa 10 °C) stellen, da die Lichtausbeute geringer ist.

PFLEGE

Im Sommer reichlich gießen, öfter auch übersprühen; im Winter die Wasserzufuhr der Temperatur anpassen; von Frühjahr bis Herbst wöchentlich kalkarmen Dünger zuführen, im Winter monatlich düngen.

VERMEHRUNG

Einfach durch Samen und Stecklinge; bei Aussaat sind überraschende Farbkombinationen zu erwarten; Jungpflanzen stutzen, damit sie buschig wachsen.

SCHÄDLINGE, KRANKHEITEN

Blattläuse, Spinnmilben, Weiße Fliege;
Blattfall bei zu dunkler Haltung.

VERWENDUNG

Sehr dekorative Blattpflanze für helle Räume, am besten auf der Fensterbank.

KEULENLILIE

Cordyline fruticosa

Die Keulenlilie ist mit der Drazäne verwandt und wird auch häufig mit ihr verwechselt. Ein Blick auf die Wurzeln bringt jedoch Gewissheit: *Cordyline* hat fleischige, weiße, *Dracaena* gelbe Wurzeln. Keulenlilien wirken vor allem durch ihre je nach Sorte unterschiedlichen Blattformen und -zeichnungen. Manche Sorten wachsen eher buschig, andere steigen schlank in die Höhe. Angeboten werden vor allem Sorten von *C. fruticosa* wie ›Compacta‹ mit rein dunkelgrünen Blättern, ›Kiwi‹ mit rot geränderten Blättern und ›Amabilis‹ mit breiten, dunkelgrünen, weiß oder rot gefleckten Blättern.

Date

STANDORT

Hell, aber keine direkte Sonne; ganzjährig Zimmerwärme, im Winter nicht unter 18 °C; vor Zugluft schützen.

PFLEGE

Stets gut feucht (nicht nass!) halten, öfter übersprühen; von Frühjahr bis Herbst wöchentlich, im Winter monatlich düngen.

VERMEHRUNG

Durch Kopfstecklinge.

SCHÄDLINGE

Spinnmilben, Schildläuse und Thripse.

VERWENDUNG

Schöne Blattpflanze für warme Räume. Auch für Hydrokultur geeignet.

PALMFARN

Cycas revoluta

Der Palmfarn erinnert in seinem Aussehen an Palmen, gehört aber zu den Palmfarngewächsen. Die bis zu 2 m langen, fein gegliederten, glänzend dunkelgrünen Blätter stehen an vierkantigen, mit Dornen besetzten Stielen, die rosettenförmig dem dicken, zylindrischen, braunen Stamm entspringen. Das Wachstum ist sehr langsam, es können 2–3 Jahre vergehen, ehe sich ein neuer Blattkranz bildet.

STANDORT

Hell, sonnig, aber keine pralle Mittagssonne, luftig, im Sommer auch im Freien; im Winter bei 15 °C, Zugluft vermeiden.

PFLEGE

Mäßig aber regelmäßig gießen, keine Nässe und Staunässe; im Winter Wasserzufuhr reduzieren und etwas trockener halten; von April bis September mäßig mit Flüssigdünger versorgen.

VERMEHRUNG

Durch Aussaat, aber schwierig und nur etwas für Experten.

SCHÄDLINGE, KRANKHEITEN

Blatt-, Schild- und Wollläuse, Spinnmilben.

VERWENDUNG

Dekorative Blattpflanze für große Zimmer und Büroräume.

ZYPERGRAS

Cyperus alternifolius

Die beliebte Zimmerpflanze wächst über 1 m hoch, an den Spitzen der langen dreikantigen Halme sitzen schirmartig angeordnete Blätter mit unauffälligen, braunen Blüten in der Mitte. Deutlich kleiner sind *C. albostriatus* mit 60 cm und *C. gracilis*, (Zwergzypergras) mit 30 cm.

STANDORT

Ganzjährig hell, warm und luftfeucht; im Sommer viel Frischluft, C. ALTERNIFOLIUS auch im Freien; im Winter etwas kühler, aber nicht unter 10 °C.

PFLEGE

Stets sehr feucht bis nass halten, möglichst auch Wasser im Untersatz, gelegentliches Übersprühen; im Sommer wöchentlich düngen, im Winter bei hellen, warmen Standorten gelegentliche Düngergabe.

VERMEHRUNG

Durch Teilung im Frühjahr oder Abschneiden der Blattschirme mit einem kurzen Stück Stiel. Blätterkranz ringsum mit der Schere etwas einkürzen und den Schopf in Wasser oder feuchten Sand legen.

SCHÄDLINGE, KRANKHEITEN

Spinnmilben; braune Blattspitzen bei zu trockener Haltung.

VERWENDUNG

Ideale Grünpflanze fürs Bad.

DIEFFENBACHIE

Dieffenbachia

Dieffenbachien zählen zu den bekanntesten Blattschmuckpflanzen, von denen eine Reihe von Arten mit zahllosen Sorten und Hybriden in Kultur ist. Sie alle haben relativ große, dekorative Blätter, die an dicken Stängeln sitzen. Zu unterscheiden sind die verschiedenen Sorten an der Größe und Form der Blätter und der gelblichen oder cremeweißen Panaschierung. Für den Zimmergärtner sind vor allem interessant *D. bowmannii* mit bis zu 70 cm langen, grünweiß bis grüngelb gefleckten Blättern sowie *D. seguine* mit einer Reihe von Hybridzüchtungen.

Date

STANDORT

Hell bis leicht beschattet, keine volle Sonne; ganzjährig Zimmertemperatur, im Winter nicht unter 15 °C absinkend; keine Zugluft.

PFLEGE

Nur mit handwarmem, enthärtetem Wasser feucht halten, im Sommer häufig übersprühen; im Winter sparsamer gießen; im Sommer wöchentlich düngen, im Winter Düngung einstellen.

VERMEHRUNG

Durch Kopf- oder Stammstecklinge im heizbaren Vermehrungsbeet.

SCHÄDLINGE, KRANKHEITEN

Spinnmilben, Thripse, Blattläuse bei zu trockener Luft; Wurzelfäule bei zu nassem Stand, Blattfall bei zu kühler Haltung.

VERWENDUNG

Wirkungsvolle Blattpflanze für helle, warme Räume und Wintergärten. Für Hydrokultur geeignet.

T X

DRACHENBAUM

Dracaena marginata

Urlauber, die auf Teneriffa die 20–30 m hohen Drachenbäume (*D. draco*) besichtigt haben, wissen, wie monumental diese Agavengewächse an ihren natürlichen Standorten werden können. Der Drachenbaum wird häufig mit der ihm sehr ähnlichen Keulenlilie *(Cordyline)* verwechselt. Unterscheidungsmerkmal sind die Wurzeln: *Dracaena* hat gelbliche, *Cordyline* weiße Wurzeln. Für die Zimmerkultur eignen sich am besten *D. marginata* und *D. fragrans* mit einigen Sorten. *D. marginata* hat einen schlanken Stamm und schmale, bis zu 40 cm lange Blätter.

F B K TR T X

STANDORT
Sonnig bis halbschattig, vor praller Sonne schützen; nicht über 20 °C; im Sommer im Freien; im Winter nicht unter 15 °C überwintern.

PFLEGE
Gleichmäßig feucht halten, nicht vernässen; im Sommer wöchentlich, im Winter monatlich düngen.

VERMEHRUNG
Durch Kopf- oder Stammstecklinge bei 25 °C Bodentemperatur und Verdunstungsschutz.

SCHÄDLINGE, KRANKHEITEN
Schildläuse, Spinnmilben; Blattschäden bei Staunässe oder Trockenheit.

VERWENDUNG
Imposante Grünpflanze für große Wohnräume und Büros

EFEUTUTE

Epipremnum pinnatum

Die Kletter- und Hängepflanze hat meterlange Triebe, an denen ledrige, grünweiß bis grüngelb marmorierte Blätter sitzen. Von der einzigen in Kultur befindlichen Art *E. pinnatum* gibt es einige weiß oder gelbgrün belaubte Sorten wie ›Aureum‹ (Bild) und ›Marbel Queen‹.

STANDORT

Ganzjährig hell bis schattig, keine pralle Sonne; in der Wachstumsperiode Zimmertemperatur (20 °C und mehr), im Winter nicht unter 16 °C.

PFLEGE

Stets mäßig feucht halten, im Winter etwas sparsamer gießen, bei Lufttrockenheit mit kalkarmem, handwarmem Wasser übersprühen; von Frühjahr bis Herbst alle 14 Tage düngen.

VERMEHRUNG

Einfach durch Kopf- oder Triebstecklinge.

SCHÄDLINGE, KRANKHEITEN

Schildläuse; Wurzelfäule bei Bodenkühle im Winter, Ausbleichen der Blätter bei zu hellem und Vergrünen bei zu dunklem Stand.

VERWENDUNG

Da das Lichtbedürfnis der Pflanze nicht allzu hoch ist, kann sie auch an einem Moosstab oder Spalier als Raumteiler emporranken. Eignet sich auch als hübsche Ampelpflanze.

GUMMIBAUM

Ficus

Von den mehr als 800 Arten der Gattung *Ficus* werden bei uns kaum mehr als 20 kultiviert. In der Zimmerkultur findet man vor allem *F. elastica,* den bekannten Gummibaum mit seinen verschiedenen Sorten, sowie *F. benjamina* (Bild), die Birkenfeige, mit überhängenden Zweigen und viel zierlicherem Laub. Von beiden Arten gibt es auch buntblättrige Sorten. Prachtvoll ist *F. lyrata,* die Geigenfeige, mit sehr großen Blättern.

STANDORT

Ganzjährig hell, keine direkte Sonne; luftfeucht; im Sommer warm, im Winter 12–15 °C, aber auch Zimmerwärme.

PFLEGE

Den Sommer über reichlich gießen, besonders die großblättrigen Arten und Sorten, öfter übersprühen, im Winter Ruhezeit einhalten und nur Erde anfeuchten; während der Vegetationszeit alle 14 Tage düngen.

VERMEHRUNG

Durch Kopfstecklinge im Frühjahr oder durch Abmoosen bei älteren Exemplaren der aufrecht wachsenden Pflanzen.

SCHÄDLINGE, KRANKHEITEN

Schildläuse, Spinnmilben; Blattfall bei zu dunkler, Vergilben der Blätter bei zu nasser Haltung.

VERWENDUNG

Dekorative Grünpflanze für helle, große Räume und Büros.

ZIMMEREFEU

Hedera helix

Für die Zimmerkultur sind vor allem die unzähligen Sorten, Varietäten und Formen von *H. helix*, der auch wild wachsenden Art von Bedeutung. Blattgröße, -form und -färbung sind sehr variabel, laufend erscheinen neue Züchtungen auf dem Markt. Außerdem unterscheiden sich Jugend- und Altersform erheblich. Im Laufe der Jahre konnte lediglich die großblättrige, weißbunte Sorte ›Gloire de Marengo‹ einen festen Platz in dem Riesensortiment behaupten. Alle Arten und Sorten von *Hedera* sind selbstklimmend. Kleinere Formen eignen sich gut als Ampelpflanzen.

STANDORT

Ganzjährig halbschattig bis schattig, die buntlaubigen Sorten etwas heller stellen; temperiert (18–20 °C) bis kühl (12–16 °C).

PFLEGE

Während der Vegetationszeit im Sommer gleichmäßig gießen, im Winter Feuchtigkeitszufuhr einschränken; im Sommer wöchentlich, im Winter monatlich düngen.

VERMEHRUNG

Durch Kopf- oder Triebstecklinge bei 20 °C Bodenwärme.

SCHÄDLINGE, KRANKHEITEN

Spinnmilben und Schildläuse bei zu warmer Überwinterung; schwarzfleckige Blätter bei zu nasser Haltung.

VERWENDUNG

Als Kletterpflanze oder in Ampeln für kühle Räume und Treppenhäuser.

PFEILWURZ

Maranta leuconeura

Diese Blattschönheit stammt aus dem tropischen Regenwald Südamerikas und stellt entsprechende Ansprüche an die Pflege. Von *Maranta* sind etwa 25 Arten bekannt. Die wichtigste Zierform ist *M. leuconeura,* vor allem mit einigen bekannten Sorten. Die schönste und zugleich pflegeleichteste ist ›Fascinator‹ mit auffällig strukturierten, rot geäderten Blättern.

STANDORT

Ganzjährig hell, auch beschattet, keine volle Sonne; warm und luftfeucht, im Winter nicht unter 18 °C.

PFLEGE

Nur mit zimmerwarmem, enthärtetem Wasser gießen, Ballen niemals austrocknen lassen, wegen der von der Pflanze gewünschten hohen Luftfeuchtigkeit erhöht in einen mit Wasser gefüllten Untersetzer stellen; von Frühjahr bis Herbst alle 14 Tage mit halber Konzentration düngen, im Winter reduzieren.

VERMEHRUNG

Durch Teilung im Frühjahr.

SCHÄDLINGE, KRANKHEITEN

Spinnmilben; Wurzelschäden bei Vernässung.

VERWENDUNG

Die langen, biegsamen Stängel der Pflanze kommen am besten in Ampeln oder auf einem Pflanzensockel zur Geltung.

FENSTERBLATT

Monstera deliciosa

Das Fensterblatt zählt zu den dankbarsten und imposantesten Blattschmuckpflanzen. In der Jugend sind die großen, glänzend grünen Blätter gefenstert, später tief geschlitzt. Die Pflanze bildet bis zu 5 m lange Triebe und zahlreiche Luftwurzeln (nie abschneiden!) und braucht eine Stütze oder Rankhilfe. *M. deliciosa* ist mit einigen Sorten die häufigste Art in Zimmerkultur.

STANDORT

Hell, aber nicht sonnig, auch halbschattig; ganzjährig Zimmertemperatur und luftfeucht, im Winter bis 10 °C möglich.

PFLEGE

Gleichmäßig mit zimmerwarmem Wasser feucht halten, bei kühlem Stand Feuchtigkeitszufuhr reduzieren, Blätter ab und zu feucht abwischen, damit die Spaltöffnungen für den Gasaustausch offen bleiben; alle 14 Tage düngen, im Winter Düngung ganz einstellen.

VERMEHRUNG

Durch Kopf- und Stammstecklinge bei 25 °C Bodentemperatur oder durch Abmoosen.

SCHÄDLINGE, KRANKHEITEN

Schildläuse, Spinnmilben; braune Blätter und Risse bei zu kühler und zu nasser Haltung.

VERWENDUNG

Imposante Pflanze, die viel Raum braucht, auch als Kletterpflanze.

SCHWERTFARN

Nephrolepis exaltata

Schwertfarne haben hellgrüne, bis 1 m lange, gefiederte Blätter, die in einer bodenständigen Rosette stehen und aufrecht oder überhängend wachsen. Von *N. exaltata* kennt man schon sehr alte Zuchtformen, die sich in Form und Fiederung voneinander unterscheiden. Es gibt Sorten mit gewellten, gedrehten oder gekrausten Wedeln.

T X

STANDORT

Hell, auch etwas sonnig, aber nicht über Mittag; ganzjährig warm und luftfeucht, im Winter um 18 °C.

PFLEGE

Mäßig feucht halten, Topfballen niemals austrocknen lassen, nur mit kalkarmen Wasser gießen und übersprühen, für Luftfeuchte sorgen; von Frühjahr bis Herbst alle 14 Tage schwach dosiert düngen.

VERMEHRUNG

Am einfachsten durch Ausläufer, die abgetrennt und eingepflanzt werden.

SCHÄDLINGE, KRANKHEITEN

Spinnmilben bei zu trockenem Stand; braune Blattspitzen durch Luft- und Ballentrockenheit oder Staunässe.

VERWENDUNG

Imposante Ampelpflanze, auch schön auf einer Säule, besonders als Grünpflanze fürs Bad geeignet.

ZWERGPFEFFER

Peperomia

Von den rund 1000 Arten des Zwergpfeffers sind leider nur wenige im Handel. Er zeichnet sich vor allem durch den Formen- und Farbenreichtum seiner Blätter aus. Die nieder- und buschig wachsenden Pflanzen haben mäuseschwanzähnliche, weiß-grüne Blütenstände. *P. argyreia* besitzt schildförmige Blätter mit einer halbmondförmigen, silbrigen Zeichnung. *P. caperata* hat runzlige, zerklüftete Blätter und weiße, weit über das Laub hinausragende Blütenstände. Die Blätter von *P. clusiifolia* schmücken sich mit einem roten Rand.

F

STANDORT

Hell bis halbschattig; im Winter nicht unter 18 °C.

PFLEGE

Mäßig mit zimmerwarmem, enthärtetem Wasser feucht halten, im Winter noch etwas weniger gießen, für Luftfeuchte durch Übersprühen sorgen; von März bis Juli alle 14 Tage düngen.

VERMEHRUNG

Im Frühjahr durch Kopf-, Blatt- oder Triebstecklinge.

KRANKHEITEN

Nässe und Kühle führen, vor allem im Winter, zu schweren Schädigungen.

VERWENDUNG

Attraktive, vielfältige Blattpflanze für die Bepflanzung von Ampeln oder Epiphytenstämmen.

BAUMFREUND

Philodendron

Der Baumfreund ist eine kletternde oder buschig wachsende Blattpflanze mit verschieden geformten, ledrigen, glänzendgrünen bis violetten Blättern und langen Luftwurzeln. Hauptunterscheidungsmerkmal sind die Blätter: Klein oder groß, spitz zulaufend, pfeilförmig, herzförmig, tief eingeschnitten, mit roter Blattunterseite – das sind nur einige Merkmale. Die Blütenkolben mit weißen, gelben oder roten Hochblättern erscheinen fast nur an älteren Exemplaren. Pflegeleicht sind *P. scandens* mit dünnen, kletternden Trieben und herzförmigen Blättern sowie *P. selloum* mit bis zu 90 cm langen Blättern und ebenso langen Stielen.

STANDORT

Ganzjährig hell bis halbschattig bei Zimmertemperatur.

PFLEGE

Mit zimmerwarmem, kalkarmem Wasser gießen, Vernässung vermeiden, Blätter öfter übersprühen oder feucht abwischen; von Frühjahr bis Herbst alle 14 Tage, im Winter monatlich düngen.

VERMEHRUNG

Durch Kopf- oder Stammstecklinge.

SCHÄDLINGE, KRANKHEITEN

Spinnmilben, Schildläuse; Bodentrockenheit oder Nässe führt zu braunen Blattflecken.

VERWENDUNG

Besonders schön, wenn die langen Triebe aus Ampeln oder an Epiphytenstämmen herunterhängen.

BOGENHANF

Sansevieria trifasciata

Der robuste Bogenhanf ist die ideale Zimmerpflanze für Anfänger. Es gibt 60–70 Arten dieses Agavengewächses, für den Zimmergärtner ist meist jedoch nur *S. trifasciata* mit ihren Sorten im Handel erhältlich. Die Art selbst hat fleischige, aufrecht wachsende, schwertförmige, bis 1 m lange Blätter, die beiderseits mit hell- oder dunkelgrünen Querbändern gezeichnet sind. Die kleinen, grünlichweißen, stark duftenden Blütchen stehen zu mehreren in einem 50 cm hohen, rispigen Blütenstand. Die Sorte ›Laurentii‹ ist eine hoch wachsende Züchtung mit gelben, ›Craigii‹ mit besonders breiten, weißgelben Blatträndern.

STANDORT

Ganzjährig sonnig und warm, im Winter nicht unter 15 °C.

PFLEGE

Mäßig feucht halten, Erde immer wieder oberflächlich abtrocknen lassen, gelegentliche Trockenheit wird eher toleriert als Nässe; von Frühjahr bis Herbst alle 14 Tage mit Kakteendünger düngen.

VERMEHRUNG

Durch Teilung oder Blattstecklinge.

KRANKHEITEN

Kalkflecken auf den Blättern durch Staunässe.

VERWENDUNG

Wirkt in einer Pflanzengruppe etwas erhöht platziert sehr edel.

STEINBRECH

Saxifraga stolonifera

Viele der über 300 *Saxifraga*-Arten kennen wir als anspruchslose Schmuckpflanzen des Steingartens, von Einfassungen oder Trockenmauern her. Für die Zimmerkultur eignet sich nur *S. stolonifera.* Die kleine Staude besitzt in einer Rosette angeordnete, rundliche, behaarte, oberseits grüne, weiß geäderte, unterseits purpurn gefärbte Blätter. An langen, fadenförmigen Ausläufern bilden sie viele Kindel. Im Sommer erscheinen zahlreiche kleine, hellrosa Blütchen, die in Rispen zusammenstehen. Die Sorte ›Tricolor‹ hat etwas kleinere, weißbunt gefärbte Blätter.

STANDORT

Hell bis halbschattig bei 13–18 °C, im Sommer auch im Freien; im Winter bei 5 °C, ›Tricolor‹ nicht unter 15 °C.

PFLEGE

Gleichmäßig feucht halten, im Winter bei kühlem Stand sehr sparsam gießen; von Frühjahr bis Herbst alle 2–3 Wochen düngen.

VERMEHRUNG

Im Sommer durch Kindel, die oft schon kleine Wurzeln haben.

SCHÄDLINGE, KRANKHEITEN

Spinnmilben, Wollläuse; bei zu nasskaltem Winterstand Wurzelfäule.

VERWENDUNG

Der Steinbrech sollte immer erhöht stehen, am besten lässt man seine langen Ausläufer aus einer Ampel heraushängen.

STRAHLENARALIE

Schefflera

In ihrer Heimat wachsen *Schefflera* als bis zu 40 m hohe Bäume. Etwas von dieser Wuchsfreudigkeit haben sie sich auch als eine unserer beliebtesten Topfpflanzen bewahrt. Mit ihren strahlenförmig verlaufenden Blättern zählen sie zu den besonders dekorativen Zimmerpflanzen. Für den Zimmergärtner sind vor allem zwei Arten interessant: *S. actinophylla* mit breit spitz zulaufenden Blättern und *S. arboricola* mit feingliedrigerem und am Ende abgerundetem Laub, von der es auch attraktive Sorten mit weiß oder gelb panaschiertem Laub gibt.

STANDORT
Ganzjährig hell bis halbschattig, im Sommer auch im Freien; im Winter bei 12–16 °C, panaschierte Sorten nicht unter 18 °C.

PFLEGE
Stets mäßig feucht halten, am kühlen Winterstandort sparsamer gießen, öfter übersprühen; von Frühjahr bis Herbst alle 14 Tage düngen.

VERMEHRUNG
Durch Kopf- oder Triebstecklinge unter Verdunstungsschutz.

SCHÄDLINGE, KRANKHEITEN
Thripse, Woll- und Schildläuse, Spinnmilben; Blattfall bei zu kühler Haltung.

VERWENDUNG
Dekorative Grünpflanze für Büros, den Eingangsbereich oder kühle Treppenhäuser.

PURPURTUTE

Syngonium podophyllum

Unter den etwa 20 Arten dieses Aronstabgewächses gibt es kriechende, kletternde und solche mit buntem Laub. Die Blätter machen eine erstaunliche Wandlung durch: In der Jugend sind sie pfeilförmig und ungeteilt, im Alter je nach Art geteilt oder gelappt. Im Handel findet man jedoch meist nur die Jugendform. Für die Zimmerkultur wird am häufigsten *S. podophyllum* angeboten. Attraktive Sorten sind ›Albolineatum‹ mit weißen Blattnerven und ›Imperial White‹ mit weiß-grün-gerandeten Blättern.

F X

STANDORT

Ganzjährig hell bis halbschattig; warm und luftfeucht; im Winter nicht unter 18 °C.

PFLEGE

Ganzjährig mit kalkarmem, zimmerwarmem Wasser leicht feucht halten und übersprühen. Von Frühjahr bis Herbst alle 14 Tage düngen.

VERMEHRUNG

Durch Kopf- und Triebstecklinge bei 20–25 °C Bodenwärme.

SCHÄDLINGE, KRANKHEITEN

Schildläuse; Wurzelfäule bei Staunässe.

VERWENDUNG

Sehr schön als Ampelpflanze oder in Einzelstellung als Kletterer.

DREIMASTERBLUME

Tradescantia

Zahlreiche *Tradescantia*-Arten und -Sorten gehören zu den pflegeleichtesten und dankbarsten Zimmerpflanzen. Im Handel sind am häufigsten anzutreffen *T. fluminensis* mit kleinen, spitz zulaufenden, grünen Blättchen, *T. pallida* ›Purple Heart‹ mit großen, gewimperten, spitz-ovalen, purpurroten Blättern sowie *T. zebrina* mit vielen Sorten z.B. ›Quadricolor‹, deren Blätter unterseits rot, oberseits mit breiten, silbrigen Längsstreifen durchzogen sind.

STANDORT

Ganzjährig hell bis sonnig, außer über Mittag; Zimmertemperatur; im Winter etwas kühler stellen, nicht unter 10 °C.

PFLEGE

Stets leicht feucht halten, am kühlen Winterstandort etwas weniger gießen; von Frühjahr bis Herbst alle 14 Tage düngen.

VERMEHRUNG

Durch Kopfstecklinge in Erde oder Wasser; immer mehrere Triebe in einen Topf setzen.

SCHÄDLINGE, KRANKHEITEN

Blattläuse; braune Blattspitzen bei zu trockenem oder zu feuchtem Stand.

VERWENDUNG

Anspruchslose Blattschönheit, die sich vor allem als Ampelpflanze für helle Räume eignet.

PALMLILIE

Yucca

Yuccas sind stammbildende Pflanzen mit hell- bis dunkelgrünen, festen Blättern, die in dichten Blattschöpfen stehen. Als Zimmer- und Kübelpflanzen werden bei uns hauptsächlich *Y. aloifolia* mit schmalen, spitz zulaufenden und *Y. elephantipes* mit breiteren, etwas überhängenden Blättern angeboten. *Y. aloifolia* bildet hohe, oft eintriebige Stämme mit etwa 50 cm langen und 3 cm breiten, am Rand scharf gesägten Blättern. *Y. elephantipes,* die häufigste Art, bildet am Grund verdickte Stämme. Die Blätter können bis 100 cm lang werden.

STANDORT

Ganzjährig vollsonnig und luftig, im Sommer auch im Freien; im Winter nicht über 10 °C.

PFLEGE

Von Frühjahr bis Herbst gleichmäßig, im Winter nur sporadisch gießen, Staunässe vermeiden; von April–August wöchentlich düngen.

VERMEHRUNG

Durch Stammstücke, die nicht kürzer als 10 cm sein sollten, Blattschöpfe oder Kindel.

SCHÄDLINGE, KRANKHEITEN

Schildläuse; Vergilben der Blätter bei zu dunklem Stand, Stammfäule bei Staunässe.

VERWENDUNG

Repräsentativer Zimmerbaum oder Kübelpflanze für kühle Räume und Treppenhäuser.

ZAMIOCULCAS

Zamioculcas zamiifolia

Diese schöne und pflegeleichte Pflanze, die einzige Art der Gattung *Zamioculcas,* ist bei uns erst seit 1996 im Handel erhältlich und seitdem sehr beliebt geworden. Aus einem horizontal wachsenden, knollenartigen Rhizom entspringen Sprosse, die nur ein einziges Blatt mit 5–12 Blattfiedern bilden. Die Stiele dieser Blattfiedern sind am Grund stark verdickt und dienen als Wasserspeicher. *Z. zamiifolia* wird 40–60 cm hoch, kann aber bei guter Pflege auch eine Höhe bis 1,50 m erreichen.

STANDORT

Hell bis halbschattig, jedoch keine volle Sonne; Zimmertemperatur, im Winter nicht unter 15 °C.

PFLEGE

Nur gießen, wenn der Wurzelballen oberflächlich trocken ist, in warmen Räumen häufiger übersprühen; im Sommer monatlich düngen, im Winter nur gelegentlich.

VERMEHRUNG

Im Frühjahr durch Blattstecklinge oder Teilung.

KRANKHEITEN

Wurzelfäule und Vergilben der Blätter bei zu nassem Stand.

VERWENDUNG

Extravagante Pflanze, die in jedem Zimmer einen Blickfang darstellt.

BERGPALME

Chamaedorea

Mit ihren frischgrünen, leicht überhängenden Wedeln zählt *C. elegans* zu den beliebtesten und pflegeleichten Zimmerpflanzen. Für Palmen außergewöhnlich: Bereits als junge Pflanze schmückt sie sich mit Rispen gelber, angenehm duftender Blüten. In Kultur wird die Pflanze bis 1,50 m hoch. Eine weitere im Handel erhältliche, kleinere Art ist *C. metallica.* Besonders dekorativ sind ihre meist ungeteilten, dunkelgrünen und metallisch glänzenden Blätter, die teilweise eine tiefe Kerbe an der Spitze aufweisen. Diese ungewöhnliche, aber sehr schöne Zimmerpflanze sollte viel mehr Verbreitung finden.

Date

STANDORT
Hell bis halbschattig, keine direkte Sonne; warm (um 20 °C), im Sommer auch im Freien, im Winter kühler.

PFLEGE
Im Sommer reichlich gießen, auch tauchen, gelegentlich übersprühen; von Mai bis September alle 14 Tage mit halber Konzentration düngen.

VERMEHRUNG
Durch Aussaat oder Schösslinge.

SCHÄDLINGE, KRANKHEITEN
Spinnmilben, Thripse; Wurzelfäule durch Staunässe.

VERWENDUNG
Schöne Solitärpflanze für großzügige Raumnischen, Mauervorsprünge oder Konsolen.

GOLDFRUCHTPALME

Chrysalidocarpus lutescens

Mit ihrer langgestreckten Wuchsform ist die Goldfruchtpalme eine der beliebtesten und elegantesten Zimmerpalmen. Sie verfügt über zahlreiche rohrähnliche Triebe, die sich buschig verzweigen und bis 130 cm lange, fein gefiederte, biegsame, gelblich-grüne Wedel tragen. Sie gehört zu den langsam wachsenden Palmen. Bei guten Kulturbedingungen beträgt ihr Höhenwachstum nur 15–25 cm pro Jahr.

STANDORT
Von Frühjahr bis Herbst hell, aber nicht vollsonnig, im Winter vollsonnig und warm (18 und 22 °C).

PFLEGE
Reichlich und oft gießen, aber Staunässe vermeiden. Alle 14 Tage mit normalem Flüssigdünger oder Palmendünger versorgen.

VERMEHRUNG
Durch Samen oder Ableger.

SCHÄDLINGE, KRANKHEITEN
Woll- und Schmierläuse, Spinnmilben, weiße Fliegen; braune Blattspitzen bei zu geringer Luftfeuchte.

VERWENDUNG
Für große helle Räume. Optimale Hydrokulturpflanze.

KENTIAPALME

Howea

Die Kentiapalme ist eine der bekanntesten Palmen. Den botanischen Namen *Howea* bekam die Palme nach ihrer australischen Heimat, der Lord-Howe-Insel im Südwestpazifik. Der deutsche Name erinnert an die Hauptstadt der Insel. Die Beliebtheit der Kentiapalme ist auf ihr elegantes Aussehen zurückzuführen, aber auch auf ihre Robustheit und relativ einfache Pflege. Sie wächst nur etwa 15 bis 20 cm im Jahr und hat eine nahezu unbegrenzte Lebensdauer. Im Laufe der Zeit kann sie auch in Haus und Wohnung 2–3 m hoch und 1,5 m breit werden. Sie ist dann ein wahres Schmuckstück mit den weich gebeugten, dunkelgrünen, meterlangen Blättern. Es sind nur zwei Arten im Handel: *H. belmoreana* und *H. forsteriana.*

F

STANDORT

Ganzjährig hell bis halbschattig, keine pralle Sonne; warm (16–21 °C).

PFLEGE

Regelmäßig mit kalkarmem, zimmerwarmem Wasser gießen, Erde zuvor abtrocknen lassen; wöchentlich niedrig dosiert mit kalkarmem Dünger versorgen.

VERMEHRUNG

Durch Aussaat.

SCHÄDLINGE

Schildläuse, Spinnmilben und Thripse.

VERWENDUNG

Dekorative Zimmer- und Kübelpflanze. Für Hydrokultur geeignet.

DATTELPALME

Phoenix

Die am häufigsten kultivierte *Phoenix*-Art ist die Kanarische Dattelpalme *(P. canariensis)*. Diese robuste Kübelpflanze kann mit den Jahren beachtliche Ausmaße annehmen. Sie hat dunkelgrüne, anfangs aufrechte, später überhängende, ledrige Fiederblätter. Die kleinwüchsigere Art *P. roebelenii* (Zwergdattelpalme) stammt aus den asiatischen Tropen und hat im Gegensatz zu allen anderen Arten weiche, nicht ledrige Fiederblätter.

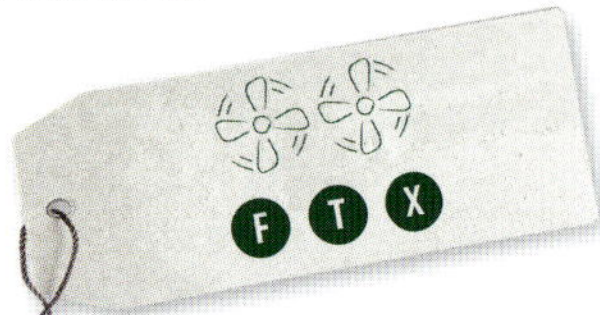

STANDORT
Ganzjährig hell, sonnig und luftig, im Sommer möglichst im Freien; im Winter kühl bis 5 °C, P. ROEBELENII nicht unter 15 °C.

PFLEGE
Gleichmäßig leicht feucht halten, bei P. ROEBELENII für Luftfeuchte sorgen; von Frühjahr bis Spätsommer wöchentlich düngen.

VERMEHRUNG
Durch Aussaat.

SCHÄDLINGE, KRANKHEITEN
Schildläuse, Thripse, Spinnmilben; bei Gießfehlern (zu kaltes, zu hartes, zu wenig Wasser) braune Blattspitzen.

VERWENDUNG
Dekorative, ausladende Zimmer- und Kübelpflanze für große Räume und Wintergärten.

STECKENPALME

Rhapis

Die für die Zimmerkultur geeigneten Arten der Gattung *Rhapis* zählen zu den langsam wachsenden Palmen mit fächerartigen, in mehrere dünne, nahezu vollständig getrennte Fächerstrahlen unterteilte, dunkelgrüne Blätter. Die langen Stiele bilden sich an unverzweigten, buschförmig wachsenden Stämmen, die mit groben, dunkelbraunen Fasern bedeckt sind *R. excelsa* wird 1,5 m, *R. humilis* bis 2,3 m hoch.

STANDORT
Hell bis halbschattig, im Sommer auch im Freien; im Winter hell bei 5–10 °C. Pflege: Während der Wachstumsphase reichlich gießen, darauf achten, dass kein Wasser im Übertopf stehenbleibt, Erde vor dem nächsten Gießen antrocknen lassen, im Winter nur mäßig gießen; von Mai–September wöchentlich düngen.

VERMEHRUNG
Durch Teilung oder Aussaat (Keimdauer 2–3 Monate).

SCHÄDLINGE, KRANKHEITEN
Spinnmilben bei zu warmem, trockenem Stand; zu viel Sonne lässt die Blätter gelb werden.

VERWENDUNG
Attraktive Blattpflanze für den Eingangsbereich und das Treppenhaus.

ECHTE ALOE

Aloe vera

In kaum einer Sukkulenten-Sammlung fehlen die niedrigen, stammlosen und Rosetten bildenden *Aloe*-Arten. Problemlos zu pflegen ist *A. variegata* mit unregelmäßigen weißen Flecken auf den weiß gerandeten Blättern. *A. christata* trägt dicke, gezähnte, dunkelgrüne Blätter, *A. striata* hat bläulich weiße Blätter mit rotem Rand. *A. arborescens* wird ziemlich groß und bildet einen Stamm aus, der sich nach oben verzweigt und unten verkahlt. Der Saft dieser Pflanze wirkt heilend bei Brandwunden, daher kommt ihr deutscher Name »Brandaloe«.

STANDORT

Ganzjährig vollsonnig und warm, im Sommer regengeschützt im Freien; im Winter hell und kühl bei 10 °C.

PFLEGE

Im Sommer nur mäßig feucht halten, im Winter Feuchtigkeit auf ein Minimum reduzieren, kein Wasser auf die Rosetten geben; im Sommer monatlich schwach dosiert düngen.

VERMEHRUNG

Durch Stecklinge, am einfachsten durch Abtrennen von Seitensprossen, die nach dem Abtrocknen in sandige Erde gesteckt werden.

SCHÄDLINGE, KRANKHEITEN

Wurzel- und Wollläuse; Wurzelfäule bei Staunässe.

VERWENDUNG

Eine pflegeleichte sukkulente Grünpflanze für sonnige Räume.

ELEFANTENFUSS

Beaucarnea recurvata

Dieses Agavengewächs ist eine der beliebtesten Zimmer- und Kübelpflanzen. Auch wenn der Elefantenfuß sehr langsam wächst, kann er nach einigen Jahren eine Wuchshöhe von knapp 1,5 m erreichen. Der außergewöhnlich verdickte, borkige Stamm dient als Wasserspeicher und trägt an seiner Spitze einen Schopf aus bis 60 cm langen, schmalen, bogig herabhängenden, graugrünen Blättern.

STANDORT

Sonnig und warm, aber keine starke Mittagshitze, Zugluft vermeiden, im Sommer regengeschützt im Freien; im Winter hell, bei etwa 10 °C.

PFLEGE

Sehr sparsam gießen, überschüssiges Wasser muss gut ablaufen können, im Winter fast trocken halten; im Frühling und Sommer monatlich düngen.

VERMEHRUNG

Durch Stecklinge aus Nebensprossen des Stamms.

SCHÄDLINGE, KRANKHEITEN

Woll-, Schmier- und Schildläuse, Thripse, Spinnmilben.

VERWENDUNG

Am wirkungsvollsten in Einzelstellung in hellen Räumen.

SÄULENKAKTUS

Cereus

Der Säulenkaktus bildet kleine Sträucher mit aufrecht wachsenden, basal verzweigten oder niederliegenden Sprossen. Auf seinen Rippen stehen Areolen (kleine filzige Polster), aus denen kurze und kräftige Dornen entspringen und sich die trichterförmigen Blüten entwickeln. Die Blüten öffnen sich in der Regel in der Nacht und verblühen bereits am nächsten Tag. Bei den meisten Säulenkakteen kommt es jedoch relativ selten zur Blütenbildung.

STANDORT

Hell und warm, am besten vollsonnig, ein Platz auf der Fensterbank eines Südfensters ist ideal; auch im Winter hell bei 6–10 °C.

PFLEGE

Wasserbedarf sehr gering, kann Wasser in seinen Stämmen speichern, während der Hauptwachstumszeit mäßig gießen, im Winter noch weniger; nur während der Wachstumsphase alle 2–3 Wochen in dünner Konzentration mit Kakteendünger versorgen.

VERMEHRUNG

Durch Aussaat und Stecklinge.

SCHÄDLINGE, KRANKHEITEN

Spinnmilben, Woll- und Wurzelläuse.

VERWENDUNG

Zimmerpflanze für sonnige Plätze in Haus und Wohnung. Soll gegen Elektrosmog wirken.

WEIHNACHTSKAKTUS

Schlumbergia-Hybriden

Die für die Wohnung kultivierten Weihnachtskakteen sind ausschließlich Hybriden. Wegen ihrer Blüte während der Weihnachtszeit werden sie besonders gerne als Teil weihnachtlicher Dekorationen verwendet. Der Weihnachtskaktus trägt keine richtigen Stacheln, sondern nur feine Borsten. Die Triebe sind flach und fleischig und hängen herunter. Die auffälligen, Blüten in Rot-, Rosa- oder Weißtönen sitzen an den Triebspitzen.

F

STANDORT

Hell bis halbschattig, keine direkte Mittagssonne, nach dem Knospenansatz abends nicht künstlichem Licht aussetzen und dunkel stellen.

PFLEGE

Mäßig gießen, stets feucht halten, ab August/September Bewässerung reduzieren; im Winter kühl stellen; im Frühling und Sommer monatlich düngen.

VERMEHRUNG

Durch Stecklinge.

SCHÄDLINGE, KRANKHEITEN

Woll-, Schmier- und Schildläuse.

VERWENDUNG

Wegen der herabhängenden Triebe prädestiniert für Ampeln und hohe Gefäße.

ARTEN- UND SACHREGISTER

IMPRESSUM

ISBN 978-3-8094-3961-5

1. Auflage
2018 by Bassermann Verlag, einem Unternehmen der Verlagsgruppe Random House GmbH,
Neumarkter Straße 28, 81673 München

Projektleitung: Dr. Iris Hahner
Layout und Satz: Sabine Dunst, Guter Punkt, München | www.guter-punkt.de
Redaktion und Bildredaktion: Verlagsbüro Kopp, München
Umschlaggestaltung: Atelier Versen, Bad Aibling
Herstellung: Claudia Scheike

Fotos: Steinberger: 27, Verlagsgruppe Randomhouse (Schanz): 19 u.re., alle übrigen Strauß
Illustrationen: Archiv Random House

Verlagsgruppe Random House FSC® N001967

FSC www.fsc.org
MIX
Papier aus verantwortungsvollen Quellen
FSC® C005833

Druck und Bindung: Těšínská tiskárna, a.s., Cesky Tesin
Printed in Czech Republic